에세이문예사

박제된 나비가 내게 말을 걸어올 때

퍼덕거린 내 삶의 흔적이
표백된 추억과 버썩 마른 그리움이
박제된 나비가 되어 나에게 말을 걸어올 때
나는 다시 나를 박제시켜
벽 너머에 걸어놓으려 한다.

최순덕 수필집

박제된 나비가 내게 말을 걸어올 때

책머리에

퍼덕거린 내 삶의 흔적이
표백된 추억과 버썩 마른 그리움이
박제된 나비가 되어 나에게 말을 걸어 올 때
나는 다시 나를 박제시켜
벽 너머에 걸어놓으려 한다.

한 줌 가루로 바수어져 찬란히 흩날리는 그 날까지
반드시 오고야 말 허무의 시간 속에서
치열하게 다시 살아 나와 또 누군가에게 말을 걸지
그것은 알 수 없다.
다시 나를 깨우는 것은
순전히 독자의 몫이라 우기며
구겨진 날개를 편다.

2024년 8월
최 순 덕

차례

작가의 말 · 4
서평 | 양자역학의 파동성, 중층구조의 예술성 · 233
    권대근 (문학평론가, 대신대학원대학교 교수)

1부

엔딩 크레딧

유통기한 · 13
엔딩 크레딧 · 18
땡벌 · 22
쑥의 프레임 · 27
슬픈 수확 · 32
빙하의 끝에서 · 37
포 마이 와이프 수북 · 41
폭포의 꿈 · 45
이끼처럼 · 50

2부

부전시장 뒷길에서

괴테와 다시 읽는 동화 · 57

부전시장 뒷길에서 · 62

개오지 · 67

동백아 · 72

수첩 · 77

서 있는 캐리어 · 81

훌라 훌라 훌라라 · 86

느티나무와 북 · 91

때죽나무꽃 · 97

3부

수제비 한 그릇의 행복

수제비 한 그릇의 행복 · 103

추억의 아지트 · 106

스크래칭으로 그리는 여름 · 110

빨간 우체통 · 114

매미의 울음소리 · 118

도시락의 추억 · 122

나도 모르게 · 126

주접이 풍년 · 130

수고했어, 나의 오십 세 · 134

4부

그림자에 대하여

그림자에 대하여 · 139

나의 색깔 · 143

과일의 추억 · 147

새로움에 대하여 · 150

'을' 덕분에 · 154

찬란한 추위 · 157

덕분입니다 · 160

첫걸음 · 165

퇴역 장군 · 169

5부

길 위에서

설국 속으로 · 177
불과 얼음의 땅 아이슬란드 · 188
솔롱고의 나라 1 · 211
솔롱고의 나라 2 · 216
인연의 길을 따라 · 221

1부

엔딩 크레딧

무통기한 13 엔딩 크레딧 18 땡볕 22 쑥의 프레임 27
슬픈 수확 32 빙하의 끝에서 37 포 마이 와이프 수복 41
폭포의 꿈 45 이끼처럼 50

유통기한

 딱딱하게 굳어서 숟가락질이 어렵다. 냉장고 구석에 있던 황금색 뚜껑의 작은 병이 왜 지금에서야 눈에 들어올까. 꺼내 보니 먹다가 만 홍삼엑기스다. 꽤 비쌌던 생각이 먼저 떠오른다. 분리되기를 거절하는 응고된 액체를 잡고 힘을 다해 용을 쓴다. 유통기한이 일 년도 더 넘었으니 분해서 돌이 되고자 했을까. 남편을 위한 건강보조식품인데 제대로 먹지도 않고 이렇게 버려두다니 슬그머니 화가 난다. 챙겨주지 못한 나에게도 반의 책임이 있는듯하여 조용히 처리하기로 한다. 하지만 그냥 버리기 아깝다. 아끼다 똥 된다는 옛말이 절로 입 속에 고인다.
 음료수 하나라도 유통기한을 살피는 여덟 살 손녀다. 할머니의 시력 저하가 불안해서일까. 유통기한 지난 음식을 먹고 배탈이 났던 경험이 있었는지, 유치원에서 배웠는지, 철저히 유통기한을 따지는 습관이 어떻게 생겨났는지 알 수 없다. 유통기한을 꼭꼭 따지는 손녀를 보면서 한편으로는 대견스럽고 한편으로는 서글픈 현실을 실감한다. 유통기한을 살펴보는 습관이 안전한 식생활 측면에서 보면 다행스러운 일인지 모른다. 이참에 냉장고와 냉동고를 확 털어보기로 한다. 꾸역꾸역 밀어 넣어 둔 먹거리들의 검문 검색을 실시한다.

 유통기한이라는 말이 뇌리에서 벌레처럼 스멀거린다. 유효기간을 넘긴 것, 유효기간조차 알 수 없는 것, 일 년이 지나도 결코 꺼내 먹지 않을 것 같은 온갖 식재와 음식이 예상을 뛰어넘는다. 꺼내어 놓으니 부엌 바닥에 동산이 하나 솟는다. 커다란 쇼핑백을 펼쳐놓고 유통기한 지난 것들을 인정사정없이 버린다. 이미 변질된 작은 미련 덩어리들이 돌처럼 굴러 나온다. 내 몸을 해부한다면 뱃속에 가득한 내장지방이며 똥이 이렇게 많이 들앉아 있지 않을까. 지구촌 어디에서는 굶어 죽어가는 아이도 많은데 부끄러운 생각이 화끈거린다. 12kg의 아이가 하나 빠져나온다. 음식물 쓰레기가 심각한데 일조하는 것 같아 가슴이 따끔거린다.
 식품의 신선도를 나타내는 유통기한을 잘 보고 사는 것은 삼척동자도 다 아는 사실이다. 유통기한을 잘 봤는데도 아차 하는 순간에 기한을 놓쳐버리기 예사다. 먹는 것을 함부로 버리면 하늘이 벌한다고 배워오지 않았던가. 유통기한이 지나도 겉이 멀쩡한 것은 아까워서 차마 버리지 못하고 내 마음대로 기한을 연장해 왔다. 소비자가 먹어도 안전에 이상이 없을 것으로 인정되는 최후의 시한을 나타내는 소비기한이라는 것도 있으니까. 변명하며 소비기한을 스스로 설정하여 주섬주섬 다시 냉장고에 넣는다. 두 식구가 거의 매식에 의존하면서 언제 먹을 것이라고 다시 미련을 담고 있는지 한심하기 그지없다.

미련 때문이다. 버려야 할 것이 유통기한 지난 먹거리뿐만 아니다. 먹을 것이 귀했던 시절의 몸에 밴 흔적도 이미 유통기한이 지나지 않았겠는가. 언젠가 갑자기 필요할 것이라는 생각과 제철에 싸게 사서 저장해놓고 두고두고 먹을 것이라는 생각은 이미 낡은 생각이고 미련이다. 세상이 얼마나 좋아지고 변화되었는가. 한 발짝만 나가면 없는 게 없는 마트가 있고 전화 한 통이면 입맛대로 주문이 되고 앉아서 맛있는 것을 즐기면 되는 디지털 세상이 아닌가. 버리지 못하는 습관만 탓할 일이 아니다. 지금 필요한 것만 적당히 사고 바로 처리한다면 버릴 것에 대한 갈등도 아예 생기지 않으리라. 젖배 곯은 아이의 평생 지워지지 않는 허기인가. 어려운 시절을 살아온 먹는 데 관한 욕심의 흉터를 어떻게 지우랴.

생각의 전환이 참으로 어렵다. 시어머님 모시고 어머님의 방식대로 큰 손으로 살아왔던 살림살이를 축소하기가 여간 힘든 게 아니다. 몇십 년 굳은 습관을 과감하게 고치기 위해서 오늘 하루만 살 수 있는 시한부 생명처럼 살아볼까. 내일이 없으니 음식을 남겨 둘 필요도 없지 않은가. 다음을 생각하며 냉장고나 냉동실에 일단 들어가면 두 번 다시 입으로 들어가지 않게 된다는 것을 기억해야 하리라. 내 몸의 다이어트 뿐만 아니라 냉장고와 살림살이 전체의 다이어트가 필요한 것이다.

집 곳곳에 유통기한 딱지를 붙인다. 내가 껴안고 살아가는 모든 것의 유통기한을 더듬는다. 내가 귀하다고 아끼고 보듬고 있는 내 서랍 속의 온갖 장신구도 나의 추억 속에서만 빛나는 보석일 뿐 디자인도 가치도 모든 게 낡았다. 계절이 바뀔 때마다 정리하리라 마음만 들이키고 꾸역꾸역 쌓기만 하는 옷방과 장롱 안의 옷들에도 유통기한을 붙이면 거의 절반은 버려야 할 것이다. 아까워서 차마 버리지 못하고 추억 속의 그 몸매로 되돌아갈 허망한 희망을 안고 유통기한 지난 껍질을 켜켜이 껴안고 있다. 아끼다 똥 된 옷이며 장신구며 물건들이 제대로 배설되지 못하고 막혀있는 똥배 같다. 이제는 돈 들여 다이어트를 해야 할 골칫덩어리들이다.

거의 매일 배달되어 쌓이는 책을 보면서 나는 다시 유통기한을 떠올린다. 한 달의 유통기한으로 월간지는 꼬박꼬박 끝방의 바닥에 쌓인다. 고작 서너 달의 유통기한인 계간지며 개인 작품집도 차곡차곡 영역 다툼을 하며 쌓인다. 소화불량이다. 시간 날 때 천천히 읽어 봐야지 하고 돌아서면 묶어서 버려지는 어제의 신문이 된다. 다음에 먹으려고 냉동실에 던져넣는 고깃덩어리가 된다. 숱한 삶의 진지한 이야기와 땀과 희망에 대한 양심이 좀 무디어지는 시간을 벌고 있을 뿐이다. 언젠가는 확 털어내어 버려지겠지.

끝없이 노력하는 작가들의 참신한 글을 접하면서 어느새 낡은 생각에 잠겨있는 나를 본다. 세상의 이치와 사물을 새로운 눈으로 다시 보고 재인식과 재구성이 필요한 글쓰기가 점점 힘겨워진다. 유통기한 훨씬 지난 낡고 구태의연한 사고로 허우적거리고 있는 내 꼴이 우습다. 하지만 졸작 속에 걸작이 있으니 한 편의 걸작을 위한 밑거름을 꾸준히 깔아야 할 것도 같다. 언젠가 만나게 될 한 편의 멋진 걸작을 위해서 마음을 다잡는다. 세대와 세계를 넘어 오래오래 사랑받는 명작은 유통기한이 없다는 것을 되새긴다.

엔딩 크레딧

 영화가 끝이 나도 한참 동안 불이 켜지지 않는다. 영화의 전당에서 볼 수 있는 특징이다. 다른 상영관에서는 볼 수 없는 불편함이다. 일반 영화관에서는 영화가 끝나자마자 바로 불이 켜지고 사람들이 기다렸다는 듯이 벌떡 일어선다. 줄줄이 사탕처럼 화면을 타고 오르는 허옇게 탈색된 이름들을 굳이 끝까지 앉아서 보는 사람은 없다. 끝까지 앉아서 엔딩 크레딧을 눈으로 읽어내야 한다. 인내심을 요구하는 순간이다.
 천만 관객의 영화가 다시 펼쳐진다. 코로나로 끊겼던 영화관으로의 발걸음이 새 신을 신은 아이처럼 신난다. 때마침 드라마 '오징어 게임'이 에미상의 감독, 주연상을 받았다. K-영상의 낭보가 아닐 수 없다. 코리아가 만들면 무조건 뜬다는 비공식적인 통계로 전 세계인의 관심을 끌고 있다. 영상매체의 강국이라는 기쁨보다 코로나가 시드는 분위기가 더 반가운지도 모른다. 바이러스에 숨죽이고 있던 답답한 가슴에 숨통이 트이는 순간이다. 유행하는 영화를 놓칠 수 없기도 하거니와 코로나 엔데믹을 실감하고자 혼자 영화의 전당으로 달려간다.

 영화의 전당이 집 가까운 곳에 있어 얼마나 다행인지 모른다. 운동 삼아 30여 분 걸어서 곧잘 영화의 전당을 찾는다. 일반 극장에 비해 가격도 저렴하고 시설도 좋다. 조용하면서 여유롭게 영화를 감상할 수 있으니 얼마나 좋은가. 평소에 애용한다. 텅 빈 극장에 한두 명 앉은 관객을 위해서라도 영상은 계속 돌아가던 때를 생각하면 늘어난 관람객 수가 반갑기 그지없다. 가격 대비 만족도 높은 영화의 전당이니 엔딩 크레딧의 지루함도 참아 주기로 한다.

 영화의 여운에 잠겨 멍때리기를 한다. 굳이 알고 싶지도 않은 사람의 이름을 의미 없이 훑는다. 화면을 따라 올라가는 이름의 끈이 너무 길다. 영화 한 편이 만들어지기까지 저렇게 많은 사람이 참여하는가. 한순간 놀라서 눈이 휘둥그레 커진다. 자세를 가다듬고 바로 앉아서 한 명씩 낯선 이름을 읽어본다. 배우는 기본이고 기획, 제작, 마케팅, 홍보, 분장, 음악, 영상편집…. 셀 수 없이 많다. 내가 미처 알지 못하는 낯선 분야를 톺아본다. 영화는 즐겨 보면서 너무 많은 분야를 모르고 있었다니 부끄러운 수준의 무식함이 아닌가. 한 편의 영화가 얼마나 많은 사람의 노력으로 만들어지는지 비로소 알 것 같다.

 만 개가 넘는 부품이 조립되어 완성되는 자동차가 생각난다. 작은 소품 하나의 소중함이 영화에서도 보인다. 살짝 스치듯 등장하는 인물도 가볍게 볼 수 없는 것이다. 완성도 높은 영화의 제작을 위하여 결코 놓칠 수 없는 섬세한 인물의 역할이 아니겠는가. 각 파트의 중심 역할부터 보조자 심부름꾼까지 막상 저 긴 명단에도 들어가지 못하는 무명의 종사자도 얼마나 많을까. 실로 한 편의 영화가 만들어지기까지 수많은 삶이 실핏줄처럼 얽혀있는 게다.

 일면식도 없는 이의 이름을 조용히 눈으로 읽어 내려간다. 한 명 한 명마다 어떤 사연이 연결되어 있을까. 영화 제작의 한 분야에 뛰어들어 무명의 세월을 견디어낸 베테랑도 있을 것이고 아직 초보 딱지를 붙이고 밥값도 겨우 버는 초보자도 있을 터이다. 스쳐 올라가는 자막에 이름 한 번 올린 것이 대수롭지 않은 이도 있을 것이고 가슴 뛰는 영광일 수도 있을 것이다. 일어서도 좋다는 불이 켜질 때까지 엔딩 크레딧의 꼬리를 붙잡고 생각의 늪에 빠져든다.

 눈으로 보이는 것이 전부가 아니라는 말을 실감한다. 습관적으로 보이는 것만 보고 듣고 싶은 것만 들으려는 얕은 의식의 단면을 본다. 쉬 드러나지 않은 그늘에서 배경이 되어주는 조연도 있고 그림자 역할을 해야 하는 인물도 있는 게 아닌가. 드라마 같은 굴곡진 삶이 영화가 되고, 영화보다 더 영화 같은 현실에서 주연보다 조연이 빛날 수도 있는 것이다. 흔히들 인생을 극본도 연습도 없는 1인 다역의 단막극이라 하지 않는가. 각자의 무대에서 주인공이 되었다가 조연이 되었다가 이리저리 흘러가는 물줄기 같은 인생극을 펼치는 게다.

 내가 출연한 내 삶의 영상을 되감아 본다. 업다운이 적절하게 엮어진 제법 재미있는 영화일 것도 같다. 희극적이지도 않으면서 슬프기만 한 영화는 아닌 듯하다. 내가 주인공인 삶을 과연 제대로 살아왔을까. 주인공 역할을 잘하고 있는 것일까. 내 존재의 앞과 뒤에서 나를 있게 한 보이지 않은 힘을 생각한다. 사랑이라고 해도 좋겠다. 나의 생과 연결되어 있었던 숱한 만남과 헤어짐의 인연이 엔딩 크레딧으로 줄줄이 기억 속에서 올라온다. 내가 나 혼자의 힘으로 살아온 게 아니었구나. 전율이 온몸을 감싼다. 나의 엔딩 크레딧에 이름 올리지 못하고 기억의 저편으로 소멸된 인물을 찾으려 기억 속을 휘저어 본다.

나의 엔딩 크레딧을 마지막까지 앉아서 지켜봐 줄 이가 있을까. 엄숙하고 장엄했던 여왕의 장례식과 감히 비교할 바가 아니지만, 과연 어느 누가 나를 기리며 내 삶의 엔딩 크레딧을 훑어봐 줄까. 영화가 끝나자마자 바로 외면당하는 엔딩 크레딧이 아니면 좋겠다. 잘 알지 못하는 지인의 가족이 서먹하여 문상에 소홀하였던 나를 반성한다. 서로 스치듯 지난 작은 역할의 인연일지라도 진지하게 조문을 해야겠다. 불 꺼진 영화관에서 엔딩 크레딧을 끝까지 지켜보듯 누군가의 한 생에 닿았던 인연을 소중하게 지켜봐 줘야겠다. 내 인생의 영상에 출연해주셔서 감사하다는 인사를 건네고 싶다.

다시 작은 것의 소중함을 깨우치는 엔딩 크레딧이다.

땡벌

 꿀벌이 사라졌다고 한다. 무슨 이유인지 알 수 없지만, 꿀벌이 대량으로 죽거나 사라져 과수농가가 비상이라는 보도가 심상치 않다. 가뜩이나 일손이 부족한 과수농가에서 꿀벌이 해야 할 수정을 일일이 손으로 한다고 카메라에 잡힌 농부가 울상을 짓는다. 급기야 드론으로 꽃가루를 뿌려 인공수정을 하며 급한 불을 끈다. 규모가 큰 농가는 그나마 다행이다. 과일을 유난히 좋아하는 한 사람으로서 안타까운 뉴스가 아닐 수 없다. 세상 사람들이 코로나 바이러스에 휘청거릴 때 꿀벌도 저들을 공격한 바이러스로 떼죽음을 당했는지도 모른다. 참 딱한 노릇이다.

 땡벌을 좋아한다. 정확하게 말하면 땡벌의 근성을 좋아한다. 사라진 꿀벌과는 반대로 '땡벌'로 기억되는 그녀가 돌아왔다. 자신이 '땡벌'이라는 별명을 가지고 있었던 것조차 잊고 있었던 그녀는 나의 오래된 기억에 놀란다. 애칭으로 별명을 지어준 그녀의 남편도 이제는 사용하지 않는다는 '땡벌'을 내가 기억하고 있다니 신기하다. 처음 들을 때부터 그녀에게 참 알맞은 별명이라고 생각했다. 내 기억 속에 각인된 이유는 땡벌을 닮았다고 생각한 그녀의 적극적인 삶의 태도 때문이리라.

 '땡벌'은 '땅벌'의 사투리다. 어린 시절에 내 고향에서는 '땡삐'라고도 했다. 나뭇가지나 높은 곳에 벌집을 짓는 일반 벌과 달리 땅이나 풀숲에 집을 짓는다고 땅벌이라고 한다. 끈질기게 공격하는 독한 습성을 가진 벌을 포괄적으로 땅벌이라고 말한다. 고집스럽고 자신이 원하는 것을 얻기 위하여 독하게 달려들어 얻어내고야 마는 끈질긴 공격성을 가진 지독한 곤충이다. 그런 사람의 형상과 겹쳐진다. 그녀가 '땡벌'이라는 별명을 달갑지 않게 여기는 이유겠지만 반대로 나는 그런 이미지의 그녀를 오래전부터 은근히 좋아했다. 땅벌을 닮은 악착같고 끈질긴 삶의 태도가 내게는 없거나 아주 약했기 때문이다.

 꿀벌은 근면 성실의 아이콘이었다. 동래고등학교의 담에는 백 년이 넘은 전통을 과시하며 꿀벌이 붙어있다. 이전의 부산은행 로고도 꿀벌을 형상화한 것으로 기억한다. 부지런한 곤충이자 유익한 곤충으로 알려진 꿀벌의 세상에서 땅벌은 일종의 별종이었을까. 자신의 영역을 지키며 후손을 번식시키고 죽지 않고 살아남기 위하여 별종이 되지 않으면 안 되는 사연이 곤충의 세계라고 없겠는가. 꽃길만 걷는 인생이 없듯이 꽃 속에 파묻혀 향기나 맡으며 부지런히 꿀만 모으면 되는 여유만만한 꿀벌만의 곤충 세계가 아닐 것이다. 어쩌면 인간 세상보다 더 치열한 경쟁이 있고 낙오자의 비참한 종말도 있을 것이다. 그러기에 독을 품고 악착같이 살아가는 땡벌이 생겨났으리라.

그녀의 끈질긴 설득으로 포기하지 않고 마무리한 일이 있었다. 같이 공부를 하다가 마지막 졸업 시험을 앞두고 시아버님이 돌아가셨다. 외며느리인 내가 출상하는 날 빠져나갈 수가 없었다. 하지만 그녀는 결코 날 포기하지 못하도록 자신이 할 수 있는 최선의 방법을 총동원하여 위기를 넘기고 함께 졸업장을 쥐게 해주었다. 그때도 그녀의 '땡벌'이라는 별명을 조용히 되뇌었다. 나에게는 없는 고마운 '땡벌'이 아닐 수 없다.

듣고 보니 자식 농사에서도 '땡벌'의 근성이 빛났다. 교수인 남편의 해외 근무 기간에 때맞춰 아이들 외국어 공부는 물론 시기적절하게 가족 여행이며 세상 경험도 잘 시키고 한 번의 실패도 없이 순조롭게 유능한 사회인으로 잘 키워 놓았다. 적당한 시기에 자신도 교직을 떠나 손녀 육아에 땡벌의 근성을 발휘하고 있다. 알맞은 시기에 해야 할 일을 빈틈없이 해내기 위해 얼마나 많은 날갯짓을 했을까. 여전히 군살이라고는 하나도 없이 강건한 몸매를 유지하고 있는 그녀를 보는 순간 말이 필요 없는 평소의 생활모습이 보였다. 참 야무지고 알차게 자신의 삶을 영위하는 그녀에게서 옹골찬 매력이 뿜어져 나왔다.

긴장하며 '땡벌'처럼 살아온 그녀의 삶을 두고 아무도 지독하다고 말할 사람은 없을 것이다. 험한 세상에서 자신의 가정과 자식을 위해 헌신하며 자신은 '땡벌'의 날갯짓을 멈추지 않았던 그녀를 어찌 좋아하지 않겠는가. 자식과 남편과 자신의 가정을 위해 스스로 '땡벌'이 되었던 그녀에게 이제는 여왕벌의 호칭을 수여할까. 그녀의 '땡벌'같이 적극적이고 딱 들어맞는 퍼즐을 맞춘 듯한 삶에 박수를 보내며 나를 반성한다.

나는 과연 한 가지 일에 땡벌처럼 매달렸던 적이 있었던가. 돌아보면 내 삶의 어느 한 구석에도 땡벌처럼 악착같은 근성은 없었다. 쓸데없는 욕심에 눈이 멀어 괜히 자식들만 힘들게 하고 스스로 미련의 올가미에 묶여 눈물지었던 날들을 어찌할까. 적당한 타협과 변명으로 길을 꺾고 주저앉기를 서슴치 않았으니 내 빈약한 의지 앞에서 나는 진정 '땡벌'이라는 별명조차도 가질 수 없는 것이다.

그녀처럼 꿀벌도 다시 돌아오면 좋겠다. 고 작은 꿀벌이 감당해온 업무가 상당하지 않은가. 지구에서 열매 맺는 모든 열매의 70퍼센트 이상이 꿀벌에 의해 이루어진다고 한다. 무심히 보고 있던 TV의 '한국인의 밥상'에서 깜짝 놀랄 말이 번개처럼 번쩍 귀에 들어 온다. 실제로 지구상에서 꿀벌이 사라진다면 4년 이내에 인간도 사라진다니 무섭고 섬뜩하다. 사라지고 난 뒤 비로소 그들의 막중한 임무를 알게 된다. 꿀벌이 아직은 완전히 소멸하지 않고 올봄의 일시적인 현상이라면 얼마나 좋을까. 시골집 근처에 벌꿀을 판매한다고 붙여놓은 현수막이 반갑다. 낡은 색이 작년 것인지 의심스럽지만 봄꽃의 꿀을 모을 꿀벌들이 그래도 생존해있는 것 같아서 기쁘다.

환경오염의 결과가 무섭게 다가오고 있다. 심각한 환경오염은 이상 기후와 각종 자연재해로 인간생존을 위협하고 있는 현실에 직면

해 있다. 꿀벌뿐만 아니라 유익한 곤충이 사라지고 인간의 식량을 뺏어가는 해로운 곤충이 세력을 넓힌다면 어찌 살겠는가. 미래의 식량이 될 소중한 곤충들인데 말이다. 작은 곤충 한 마리도 소홀해서는 안 되는 이유다. 우리 부모가 그러하였듯, 땡벌 같은 열성으로 지키고 이루어온 행복한 가정에서 사회와 국가 발전의 원동력인 국력이 다져졌으리라. 절대로 소홀해서는 안 될 꿀벌의 힘, 땡벌의 근성이다. 그야말로 '땡벌'의 지독한 근성으로 환경오염으로 무너지는 생태계를 지켜야 할 것이다. '까톡'으로 날라 온 '땡벌' 그녀의 소식이 무지하게 반갑다.

쑥의 프레임

유년의 봄날 1

쑥에도 허기졌다. 어촌과 농촌의 중간쯤 되는 마을에는 '지천에 널린 쑥'이라는 말도 멀었다. 비탈진 밭두둑에 어린 쑥이 살짝 고개를 내밀면 기다렸다는 듯이 동네 꼬마들은 산으로 간다. 산꼭대기까지 밭을 허락한 산은 잠시 밭두둑을 놀이터로 내어준다. 언니들의 쑥 소쿠리를 곁눈질하는 꼬마는 애가 탄다. 어린 쑥을 제대로 캐지 못하니 소쿠리는 좀체 불어나지 않는다. 양지바른 언덕의 넉넉한 햇살만 헐렁한 소쿠리에 가득 들앉는다. 엉거주춤한 자세로 납작하게 달라붙은 아이들은 밭두둑의 까칠한 풀덤불을 헤집고 코를 박는다.

동네 오빠들은 칡을 캔다고 밭두둑을 파헤친다. 칡 한 뿌리 얻어먹고 싶은 마음이 쑥보다 간절해진다. 가까이 가서 응원을 보태는 순간 밭 주인의 천둥소리 같은 고함이 온 산을 뒤흔든다. 혼비백산하여 모두는 노루 새끼가 되어 펄쩍펄쩍 뛰기 시작한다. 비탈진 밭 언덕을 정신없이 뛰어 안전지대로 피신했는데 쿵쿵 뛰는 가슴은 좀체 가라앉지 않는다. 해마다 찾아오는 봄날이면 가슴이 요동친다. 숨이 턱에 닿도록 뛰었던 추억 속의 봄날이 가슴에서 여전히 쿵쿵거린다. 내동댕이친 쑥 소쿠리가 지금도 눈앞에 어른거리며 쑥 캐러 가자고 부른다.

유년의 봄날 2

대문도 없는 털보아저씨 집은 마당이 넓었다. 꼬부랑 할머니와 둘이 사는 털보아저씨네 마당에는 늘 햇살이 가득했다. 텅 빈 마당에 혼자 해바라기를 하는데 귀한 쑥이 혹 눈에 들어온다. 산으로 가야 만날 수 있던 쑥이 이웃집 마당에 소복소복 돋았다. 이게 웬 떡인가. 이렇게 많은 쑥을 본 체도 안 하는 털보아저씨는 참 바보다. 칼도 소쿠리도 없이 손으로 툭툭 끊어 치마에 담는다. 소쿠리까지 내던지고 허탕친 날을 떠올리며 너무나 쉬운 쑥 캐기에 정신이 없다. 쑥털털이나 된장 푼 쑥국을 끓여 먹을 꿈에 부풀어 신이 난다. 봄바람 살랑거리는 마당의 포근한 햇살이 행복한 포만감으로 내려앉는다.

치맛자락 불룩하게 쑥을 안고 다리 건너 옆집인 우리 집으로 간다. 누가 볼까 봐 잰걸음으로 쏙 들어선다. 엄마를 부르는 목소리가 의기양양하다. 대견스러워하며 미소 짓는 어머니의 얼굴과 입에 들어갈 먹거리가 한발 앞선다. 한껏 부풀어 올랐던 칭찬의 기대는 한순간에 무너진다. 치맛자락 가득 뜯어 온 것이 쑥이 아니고 국화 새순이란다. 쑥즙 같은 쓴맛이 입 안에 고인다. 난데없이 꺾어진 국화 순의 끈적한 진물이 가슴에 배였을까. 봄만 되면 우련 푸른색의 그리움을 쏟아낸다. 털보아저씨네 마당의 국화꽃을 배경으로 서울로 이사 가는 옆집 꼬마와 어깨동무하고 찍은 흑백사진에 씁쓰레한 쑥물이 어려있다. 예쁜 국화의 새순이 어쩜 그리도 쑥과 닮았는지.

중년의 봄날 1

 진달래가 필 때 문인 단체의 봄놀이 행사가 있었다. 신입회원의 서먹한 관계가 쑥을 캔다는 말에 양지의 눈처럼 녹아내린다. 낯가림의 경계가 무너진다. 땅속에 굳게 퍼져있는 쑥 뿌리 같은 친밀한 소속감이 솟구친다. 추억의 공유가 이럴 때는 백 마디 말보다 강렬한 힘을 갖는 게다. 쑥을 캐고 싶은 마음 하나로 덥석 참석을 선언하고 동행한다. 쑥과 닿아있는 유년의 추억에 이끌려 간다. 나와 쑥의 새로운 프레임이 형성되는 순간이다.

 포근한 봄이 등을 타고 흐르는데 철마의 논두렁에는 울긋불긋 꽃이 핀다. 색색의 챙이 넓은 모자와 장갑과 선글라스로 무장한 아낙네가 두런두런 얘기 꽃을 피우며 쑥을 캔다. 일인 다역의 일상에 갇혔던 가슴을 열고 콧노래 부르며 누리는 호사가 아닐까. 쑥을 캐는 것은 자유를 향한 일탈의 핑계일지 모른다. 동토와 누런 덤불을 헤치고 솟아오르는 쑥의 기운을 취하고 싶은 나른한 중년의 봄날이다. 쑥을 캐듯 마음속의 응어리를 캐어 낸다. 글을 통해 자아실현이라는 공통의 희망을 안고 봄의 수평선으로 내달린다. 수평선 너머 시원한 바다에서 한 마리 새가 되어 날고 있는지도 모른다.

중년의 봄날 2

만개한 벚꽃이 꽃눈 되어 흩날린다. 연한 봄바람에도 사정없이 손을 놓아버리는 벚꽃의 어지러운 낙화가 영상 속의 폭설 같다. 길가의 조팝나무가 하얀 꽃줄기를 이리저리 흔들며 꽃눈 속에서 봄을 굴린다. 배내골의 봄을 열 번도 넘게 맞이하면서 처음 접하는 황홀한 풍경이다. 벚꽃이 피는지 지는지도 모른 채 일에 묻혀 살아온 친구가 졸지에 남편을 잃었다. 후회로 가슴이 아린다는 친구를 태우고 꽃길을 찾아 나섰다. 그녀의 입에서 쏟아지는 탄성이 강물에 출렁인다. 배내천 트레킹코스를 돌아 마을 어귀에 오니 쑥쑥 자란 쑥밭이 우리를 반긴다. 잠시 앉아 쑥을 캤는데 금방 봉지가 가득해진다. 친구의 얼굴에 비로소 미소가 번진다. 배내천을 도강하여 마을로 돌아오는 발걸음에 상쾌한 봄바람이 스친다. 직접 캔 깨끗한 쑥으로 쑥떡을 만들어서 친구는 세상 밖으로 나왔다.

노년의 봄날

청정한 봄날은 다 어디로 갔을까. 봄이면 어김없이 되살아나는 쑥을 향한 본능에 휘청거리는 오후다. 수정 불가인 인식의 늪에 꽈리를 틀고 앉은 쑥의 뿌리를 어찌할까. 매연을 잔뜩 뒤집어쓴 도심공원의 쑥이 반갑고도 서글프다. 산책로의 먼지 앉은 쑥은 낡고 헐거워진 육체처럼 망가질 꿈을 안고 웅크리고 앉았다. 홀로그램처럼 내 눈에만 선명하게 보이는 쑥의 프레임 속으로 역류하는 세월이다. 지금쯤이면 쑥이 아니라 추억을 캔다. 다시 돌아갈 수 없는 그리운 봄날을 더듬는다. 가끔은 달짝지근한 쑥 캐기의 추억이 아득한 수평선에서 가뭇거린다.

슬픈 수확

　마지막의 시간이 왔다. 계절이 교차할 즈음이면 막바지의 징조가 드러난다. 봄부터 여름 내내 흙에서 빚어낸 기쁨의 수확물을 안겨주었던 텃밭이었다. 좁은 땅이 문제다. 가을 김장배추를 위하여 땅을 비워야 할 시간이다. 아직도 수확이 한창인 고춧대와 여름작물들이 무자비한 숙청의 칼바람을 맞는다. 김장용 배추 모종의 시기를 놓칠 수 없는 절박한 심정에 일말의 주저함도 없이 핵폭탄을 투하하고 만다. 열무 상추 풋고추 오이 가지 등, 이제껏 사랑받던 텃밭은 일격에 초토화가 된다.
　작은 텃밭의 한 고랑에 오이와 가지 모종을 서너 포기씩 심었다. 오이는 꼬불꼬불 덩굴손 내밀어 지지대를 붙잡고 부지런히 꽃피우고 열매를 맺었다. 봄 햇살을 성큼성큼 흡수하면서 가지는 맹렬하게 뿌리를 내리고 생의 환희를 누렸다. 노란 오이꽃과 연보라 가지꽃이 예쁘게 피어나더니 일주일이 멀다 하고 맛있는 오이랑 가지는 수확의 기쁨을 안겨주었다. 딱 두 식구 먹을 만큼 생산해 냈다. 생의 에너지를 일찍 탕진한 오이는 노쇠해진 넝쿨로 시름시름 시들면서도 가지 끝에는 노란 꽃을 피우고 손가락만 한 작은 열매를 계속 달고 있었다. 기아와 질병에 시달리면서도 주렁주렁 아이를 품고 있는 아프리카의 여인이 생각난다.

무자비하게 뽑아버리기에는 너무 잔혹하다. 아직도 꽃을 피우며 끝나지 않은 그들의 미래를 꿈꾸고 있는 오이와 가지가 아닌가. 언제까지나 꽃 피우고 열매 맺는 봄날이 계속되지는 않을 것을 저들은 짐작이라도 했을까. 송두리째 뿌리가 뽑히고 졸지에 끝나버린 비통함을 느낄 겨를도 없이 어리둥절하게 맥박은 서서히 잦아든다. 징조는 곳곳에서 보이고 있으나 방심하고 있다가 한순간에 쓰나미에 휩싸이고 산불과 홍수, 산사태 등 온갖 자연재해에 속수무책으로 당하는 인간들 꼴이다.

고춧대는 더욱 아깝다. 두 고랑 제법 넓은 땅을 차지한 고추는 기세등등하게 자랐고 알싸한 풋고추로 맛있는 여름을 건넸다. 선한 홍색으로 잘 익은 고추는 꽃보다 예쁘다. 조롱조롱 달린 예쁜 풋고추와 빨갛게 물든 홍고추를 동시에 달고 있는 고춧대는 생의 절정을 향하는 중년의 시간이다. 가지 끝에는 꽃이 피고 태아처럼 웅크린 어린 고추가 맺히고 생사의 순환이 왕성하다. 수확의 기쁨을 확실하게 준 고추도 피할 수 없는 마지막의 시간은 오고 말았다. 속절없이 뽑히고 만다. 어떤 저항도 허락하지 않는다. 일순간에 사라지는 작은 우주다.

　밀쳐놓은 고춧대 앞에 앉는다. 뽑힌 고춧대의 뿌리를 본다. 수많은 잔뿌리로 흙을 붙들고 있다. 저렇게 다부지게 흙을 싸안고 부지런히 뽑아 올린 물기와 양분으로 꽃을 피우고 열매를 맺고 있었는데 웬 날벼락인가. 고춧대를 하나씩 들고 졸지에 끝나버린 저들의 생을 다듬는다. 고춧잎도 따고 어린 고추까지 모조리 하나도 빠짐없이 거두어들인다. 고춧대를 더듬어 슬픈 수확을 하는 손끝에 하얀 꽃이 눈물처럼 떨어진다. 눈여겨보지 않았던 고추꽃이 얼마나 작고 예쁜지, 미처 열매도 맺지 못하고 스러지는 작은 꽃의 운명이 서럽다. 문득 어린 손녀들 생각이 머리를 스친다. 천진난만한 웃음꽃이 별처럼 피어나는데. 잔뜩 귀여움을 떨며 예쁘게 자라고 있는 손녀들에게 지금 고춧대와 같은 일이 닥친다면 어찌할까. 생각만 해도 소름이 오싹 돋는다.

　평범한 일상 가운데 들이닥친 재앙 앞에 속수무책인 인간이다. 지금 내 손에 뽑힌 고춧대처럼 마지막의 시간이 오지 않겠는가. 저녁 식사를 하다가 부엌에 심부름 간다고 일어선 아이와 일순간에 생과 사가 갈라진 튀르퀴예 지진의 현장, 이스라엘 축제의 현장에 날아든 포탄으로 갈팡질팡 무참히 깨어진 평화, 지진으로 무너져 내린 흙더미 속에서 얼굴만 내밀고 갇혀버린 어린아이, 어른들의 전쟁으로 깨어진 평화 틈새에서 공포에 떠는 우크라이나 아이들이 고춧대 끝의 하얀 꽃에 머문다. 오늘 졸지에 뽑혀 모든 것이 사라진 고춧대는 지구촌 곳곳에서 나뒹굴고 있다.

　평화를 지키기 위해서라는 변명으로 평화를 파괴하는 인간들이다.

보호하고 지켜줘야 할 미래의 꽃들이 무자비하게 스러지고 있다. 어린 생명이 무슨 죄가 있어 전쟁과 질병과 기아에 무방비로 내팽개쳐지는가. 어른들의 잘못된 판단과 수단과 방법을 가리지 않는 탐욕으로 지구는 병들어 가고 아이들의 미래도 시들고 있다. 마구잡이로 훼손한 자연은 기상이변으로 숱한 생명을 위협하고 있는데 땅따먹기, 밥그릇 싸움에 열중한 어른들의 시선은 어디로 향하고 있는가. 피를 묻힌 손길은 어디에서 슬픈 수확을 하고 있는가.

고춧대를 다듬으면서 지구의 대재앙을 생각한다. 아름다운 지구를 망가뜨리고 피폐하게 만들어가는 인류에게 더 이상의 자비는 없는 것일까. 조물주의 시간을 알 수 없는 미련한 인간들은 오늘도 마구 자원을 낭비하고 부수고 파헤치며 어지럽히고 있다. 노아의 방주처럼 화난 조물주가 한순간에 팍 뒤집어 엎어버리고 다시 배추를 심으려고 한다면 어찌할까. 소돔과 고모라의 성경 이야기가 현실로 다가오는 것이 아닐까. 어쩌면 조물주의 뜻보다 먼저 오만한 인간의 손에 의해 자폭하거나 자멸할 것 같은 무서운 생각이 든다. 감사와 사랑의 거름이 없는 메마른 황무지에서 무엇으로 대재앙의 손길을 막고 희망의 싹을 틔우랴.

작은 텃밭에는 자연의 순리대로 봄부터 이미 수확의 기쁨이 존재했다. 풍성한 상추 열무 쑥갓 등의 채소로 이웃과 나누어 먹는 사랑도 함께 수확의 기쁨에 속해 있었다. 하지만 밭고랑을 갈아엎어 모조리 김장용 배추 모종을 심어야 할 때가 된 것이다. 작물들이 잘못한 것은 하나 없어도 주인의 때가 되자 순식간에 송두리째 뽑혀버린 것이다. 주님이 오실 때는 알 수 없으니 늘 깨어있으라는 성경 말씀이 생각난다. 스피노자는 '내일 지구가 멸망할지라도 오늘 한 그루의 사과나무를 심겠다'고 했다. 오늘 슬픈 수확에 감사하며 다시 작은 희망으로 거름을 놓고 배추 모종을 심을 것이다.

빙하의 끝에서

    빙하! 저 거대한 얼음덩어리가 흐르고 있다니 보고도 믿기지 않는다. 꽁꽁 얼어붙어 꼼짝달싹도 하지 않을 것 같은데 아주 느린 발걸음을 떼고 있었구나. 거스를 수 없는 자연의 이치에 순응하는 뭉툭한 신념을 어찌하랴. 깔고 앉은 숙명의 무게만큼 할퀴고 긁어서 모조리 껴안고 미끄러지듯 움직이는 둔탁한 발걸음이다. 멈춘 듯 멈추지 못하는 육중한 힘 앞에 뉘라서 고개 숙이지 않겠는가. 거대한 빙하의 끝을 막아서는 것은 딱딱한 제 살 녹여 만든 부드러운 호수다.

    여행 이틀째 되는 날이다. 빙하를 쉽게 만날 수 있다니 얼음의 땅 아이슬란드에 온 실감이 난다. 가로수가 없는 도로를 달리는데, 탁 트인 시야에 만년설을 이고 있는 먼 산이 가까이 다가온다. 산봉우리 사이에 구름처럼 걸쳐져 있는 빙하가 한눈에 들어온다. 카키색 카펫을 깔아놓은 듯, 이끼가 점령한 특이한 지형도 이곳 아니면 볼 수 없는 기이한 풍경이 아닐 수 없다. 거친 용암지대를 달려 피야드라우르글리푸르 계곡으로 들어선다. 빙하에 이리도 쉽게 접근할 수 있는 것이 신기할 뿐이다.

차에서 내려 빙하의 끝을 만나러 간다. 자갈돌들이 볼록볼록 동산을 이루고 있는 길을 넘는다. 빙하를 이끌고 내려온 물줄기가 만들어놓은 거대한 물웅덩이가 밀어낸 돌무더기란다. 아이슬란드 지도의 남동쪽에 넓게 차지하고 있는 대빙하를 땅에 발을 딛고 어찌 다 볼 수 있으랴. 대빙하를 횡단하려면 열흘도 넘게 걸린다니 과연 그 크기가 얼마나 큰지 어렴풋하나마 짐작이 된다. 빙하의 넓은 서쪽 일부분은 내일 보기로 하고 오늘은 맛보기로만 보여주는 작은 빙하란다. 그래도 눈앞에 선 빙하는 거대하여 입이 떡 벌어진다.

예상과는 달리, 눈앞의 빙하는 때가 묻은 듯 거뭇거뭇하다. 새하얀 빙하는 더 멀리 더 깊은 곳에 있는 것 같다. 눈이 다져지고 얼음으로 굳어지면서 빙하가 되어 흐르기까지 숱한 세월 동안 온갖 세상의 먼지를 다 덮어쓴 빙하가 아닌가. 잿빛 빙하는 눈과 화산재가 켜켜이 쌓여 멋진 무늬도 품고 있다. 옥빛 푸른 빙하의 속살을 쉬 드러내지 않아 아쉽다. 빙하에서 빠져나온 물이 호수가 된 게다. 호수는 떨어지는 빙하의 살점을 받아주고, 조각난 몸뚱이가 유빙으로 머물다 다시 돌아가는 빙하의 마지막이자 되돌아가는 본향인 게다. 빙하를 보는 것도, 빙하의 마지막을 보는 것도 어느 것 하나 귀한 경험이 아닐 수 없다. 빙하의 끝에서 빙하의 마지막을 물끄러미 쳐다본다. 무생물일지라도 사라지는 것에는 눈물이 어린다. 왠지 서글퍼진다.

사흘째 되는 날, 본격적인 빙하 체험의 날이다. 영화 '인터스텔라'의 촬영 배경이 되었다는 경상남도 면적의 바트나요쿨 대빙하지역으로 향한다. 대망의 빙하 트레킹과 고무보트를 타고 유빙들 사이로 여행할 계획이다. 긴장되고 들뜬 마음을 감출 수 없다. 비와 돌풍의 예고 때문에 걱정스럽긴 해도 워낙 변화무쌍한 이곳 날씨니까 부딪쳐 봐야 할 것 같다. 가수 전인권의 노래 '걱정말아요 그대' 우리 여행의 주제가를 부르며 힘차게 출발한다.

멀리서부터 보이는 빙하의 규모가 엄청나다. 어제 보았던 빙하는 잔챙이 빙하에 불과하다. 방한복과 구명복을 겸한 두꺼운 옷을 받아서 껴입고 줄지어 고무보트에 오른다. 외계행성을 탐사하는 로봇 부대 같다. 유빙 사이로 고무보트가 나아간다. 코앞에 있는 빙하의 끝이 몇 km나 떨어진 먼 거리라니 바다 같은 호수. 대빙하의 걸음을 멈추게 하는 호수의 규모가 과연 바다만큼 넓어야 하지 않겠는가. 예고 없이 굉음을 내며 떨어져 내리는 빙하에 해일 같은 파도가 일어 고무보트가 전복할 수도 있단다. 무너져 내리는 빙하의 위력은 상상초월이다. 가까이 접근하지 못하게 하는 당연한 이유에도 아쉬운 마음은 어쩔 수 없다.

거대한 빙하에서 떨어져 나와 유영하고 있는 유빙이 예술품이다. 찬란한 옥빛에 눈이 시리다. 눈이 얼음으로 다져질 때 저장된 하늘의 빛일까. 푸른 하늘색이 차디찬 얼음 속에서 단단하게 응어리져 보석보다 더 고운 옥빛을 품게 되었나 보다. 어쩜 저리도 고운지, 환상적인 옥빛의 황홀경에 빠진다. 빙산의 일각이랬다. 떠 있는 유빙의 열배가 되는 얼음덩어리가 물밑에 도사리고 있으니 조심스럽게 접근할 수밖에. 투명한 유빙 조각을 건져 올린다. 흔히 보는 얼음덩어리인데 고 작은 형체 안에 얼마나 많은 시간이 축적되어있는지 실감이 나지 않는다.

발걸음이 점점 빨라지는 빙하다. 빙하가 녹아내리는 속도가 빨라지면서 사람들은 설마 했던 무서운 기후 변화의 재앙에 직면하고 있는 게다. 한 몸으로 부둥켜안고 있던 살점이 속절없이 무너져 내리는 빙하의 눈물을 미처 보지 못한 인간들의 돌이킬 수 없는 잘못을 무엇으로 속죄할까. 지구는 온실가스로 열이 올라 펄펄 끓고 있는데 점점 두꺼운 이불을 덮어씌우고 있으니 이 어리석은 인간의 만행을 어찌 할까. 빙하의 슬픈 발걸음을 멈추게 할 방법은 없는 것인가. 추측으로 가늠할 뿐인 지구의 몇만 년, 억겁의 시간이 지금 내 눈앞에서 사라지고 있다니 내 존재의 가벼움에 숨이 멎는 것 같다.

바다로 이어지는 물길에서 몸체가 작아진 유빙의 마지막을 본다. 흘러가면서 사라져가는 빙하의 끝에서 이별의 손을 내민다. 거대한 빙하도 결국엔 녹아내리는데 인간사 짧은 생을 살면서 가슴에 묻어둘 찌꺼기 같은 한이 뭐 있겠는가. 빙하의 세월 앞에 고까짓 한 줌 재만도 못 되는 생의 시간인 것을. 뾰족하게 날을 세웠던 후회를 머금은 가슴 속의 차가운 응어리를 유빙에 얹어 흘려보낸다. 모든 것 내려놓고 다시 물로 되돌아가는 빙하의 끝에서 고개 들어 하늘을 본다.

포 마이 와이프 수북

 여행은 만남이다. 낯선 풍경을 보는 것 못지않게 그 안에서 살아가는 사람들을 만나고 그들이 영위해온 삶을 만나는 것이다. 동행자의 인생을 만나기도 한다. 어디를 가느냐보다 누구와 함께 가느냐가 더 중요해지는 요즈음의 여행 패턴이다. 생성과 소멸을 반복하며 빚어온 역사의 현장으로 세상의 숱한 이야기를 찾아 나서는 여행만큼 가슴을 설레게 하는 게 없다. 힘난한 자연을 극복하고, 아름다운 자연을 누리며 삶을 이어가는 사람들과의 만남을 위해 여행 가방을 챙겼다.
 아이슬란드에 도착하자마자 바로 여행의 일정이 시작된다. 지구의 자전 방향과 역행한 덕분에 시간을 벌었다. 토요일 늦은 밤에 출발했는데 신기하게도 일요일 이른 아침에 닿았다. 아직도 이해가 잘 안 되는 날짜변경선의 시간 계산법은 밀쳐두고 비행장 한쪽 구석에서 커다란 가방을 풀어 헤친다. 현지의 날씨에 맞는 복장으로 갈아입고 가방을 정리하느라 부산해진다. 같은 북반구의 여름이지만 북극에 가까운 곳이라 그런지 이곳은 우리의 초겨울 날씨다. 수영복을 준비하란다. 긴 시간의 비행으로 쌓인 피로를 온천욕으로 풀고 시작하려나 보다.

유명한 '블루라군'으로 제일 먼저 달려간다. 즐겨보는 TV 프로그램인 '세계테마기행'에서 보았던 아이슬란드 여행의 필수 코스다. 푸른색과 흰색을 적당히 섞어 놓은 불투명한 하늘색 같은 물색이 비경이다. 비 내리는 잿빛 하늘의 잃어버린 하늘색이 온천수로 내려앉았을까. 우유를 풀어놓은 듯한 하늘색 온천수, 밀키스 같은 독특한 물빛이 신기하다. 근처의 지열발전소에서는 연기가 끊임없이 피어오르고 있는데 지열 지대의 까칠한 암석 사이에 이렇게 환상적인 라군이 있다니, 독특한 풍경에 홀리듯 빨려든다.

아이슬란드의 특수한 지질을 이용한 지열발전소 덕분에 귀한 체험을 한다. 지표면으로부터 2km 아래에서 끌어올린 240°C의 뜨거운 물로 한쪽에서는 전기를 생산하고 한 쪽에서는 담수를 데운다고 한다. 이런 공정을 거치는 동안 알맞은 온도로 식은 물을 한 곳으로 모아 만든 것이 '블루라군'이란다. 실리카, 소금 기타 광물이 풍부하여 피부에도 굉장히 좋고 여행의 피로를 풀기에 안성맞춤인 곳이다. 일석이조로 알뜰살뜰 에너지를 이용하는 재치도 눈여겨 볼거리다. 세계 최고의 물가답게 입장료가 만만치 않으니 무조건 즐겨야 한다.

TV 속의 주인공처럼 환상적인 풍경 속으로 빠져든다. 키를 받아 발목에 차고 낯선 시스템의 탈의실을 지나 간단한 샤워를 하고 밖으로 나가니 한겨울이다. 목만 쏙 내민 채 따뜻한 물 속에 몸을 담그고 넓은 라군 가운데로 성큼성큼 들어간다. 찬 공기 중의 상체는 썰렁하고 물속의 하체는 따뜻하다. 팔에 낀 입장권을 보여주니 음료수도 공짜다. 따뜻한 물 속에서 시원한 음료수를 마시는 기쁨이 비행의 피로를 잊게 한다. 줄을 서서 한 술씩 손에 받아 쥐는 흰 머드를 온 얼굴에 허옇게 바른다. 도깨비 같은 얼굴을 보고 서로 웃는다. 얼굴이 매끈매끈 기분이 좋다. 문득 돌아보니 같이 들어온 일행이 보이지 않는다. 가운데로 들어오지 못하고 입구에 옹기종기 모여 앉았다.

본인이 직접 가서 팔에 낀 입장권을 보여줘야 한 술씩 머드를 얻을 수 있는 상황이다. 물가에서 한발도 안으로 들어오지 않으려는 아내와 후배들을 위해 점잖게 나서시는 분이 계셨다. 고령임에도 언제나 동료를 챙기고 친절하신 분이다. 영어로 'for my wife'까지는 거침없이 술술 나오는데 급한 마음에 우리 말 '수북'이 그냥 자연스럽게 나온다. 많이 얻어가서 나눠주고 싶은 마음이 활짝 웃으며 왼손을 옴팡하게 오므리고 오른손으로 크게 '수북'을 동작으로 표현한 재치와 표정이 재미있다. 아내를 예쁘게 마사지해 주고 싶은 사랑의 마음이 미소 작전으로 통했는지 성공적으로 머드를 수북하게 받아오셨다.

그녀들은 만면에 미소를 지으며 성공적으로 얻어 준 머드로 웃으며 마사지를 한다. 한 번의 마사지로 얼마나 큰 효과가 있으랴. '포 마이 와이프 수북'을 외친 고 순간을 포착한 또 다른 일행이 코미디언 같은 수준으로 재현하자 모두는 박장대소를 한다. 마사지 한 것보다 몇 배로 더 젊어지고 예뻐지는 웃음을 선사한 것이다. 지나고 다시 생각하면 대단한 웃음거리도 아니건만 그 순간은 왜 그리도 우스웠는지 이해 불가다. 작은 일화에도 맑은 웃음을 쏟아놓는 순수함을 찾아주는 여행이다. 우리들의 즐거운 여행은 그렇게 이어졌다.

아름다운 우리말 '수북'을 다시 만났다. '수북하게'라는 말이 그렇게 다정할 수가 없다. 배려와 애정이 넉넉하게 담긴 '수북'을 여행 내내 복창하였다. 건배사도 '수북'이고, 시도 때도 없이 '수북'을 외치며 웃었다. 그야말로 수북하게 정을 쌓고 추억을 쌓으며 외계의 행성 같은 곳에서 지구인으로 똘똘 뭉쳐 웃으며 여행을 즐겼다. 나이 들어도 동행자에게 폐 끼치지 않으려 애쓰고 오히려 모두를 다독이며 배려하고 아우르는 진정한 어른의 모습이 수북이라는 말과 함께 은근한 감동을 준다. 수북하게 복 짓는 행동, 아낌없이 수북하게 정을 나누는 멋진 노년의 모습을 나의 미래의 모습에 덧대어 본다.

여행은 길 위의 책이다. 흥미진진한 소설 같기도 하고 자기 성찰과 교훈이 내재 되어 있는 한 편의 수필 같기도 하다. 나이와 직업, 어떤 것과도 상관없이 만나는 사람에게서 무엇인가를 얻는다. 결국에는 대동소이한 인생길을 걸어온 각자의 세월에 동지감을 느끼기도 한다. 유난히 힘들고 어려운 세월을 나 혼자만이 살아온 것이 아니라고 다독여주는 듯 위안을 얻기도 한다. 지나간 것은 지나간 대로 두고 동반자 모두의 앞으로의 생에 좋은 일만 수북하면 좋겠다. '포 마이 와이프 수북'을 되뇌다가 '포 마이 라이프 수북'으로 단어 하나 교체하니 가슴이 푸근해진다. 뭔가 좋은 일이 수북하게 생겨날 것 같아 기분이 좋아진다.

폭포의 꿈

    먼 길 찾아온 길손들을 위한 물의 퍼포먼스가 시작된다. 얼음의 땅에 여름이 되자 앞다투어 산을 타고 흘러내리는 물줄기들이 신이 난다. 태초로부터 이어오는 얼음덩어리가 짧은 태양의 시간에 녹았다 얼기를 반복하면서 다져온 세월을 풀어 놓는다. 다시 돌아갈 하늘의 물이 가랑비로 분위기를 잡는다. 차를 타고 달리면서 누구라도 쉬 볼 수 있게 무방비로 눈요기를 제공하는 폭포다. 잔챙이 폭포라고 이름 붙인 가늘고 긴 폭포들이 거대한 산허리 곳곳에 터진 실오라기처럼 들붙었다.

    세 번이나 비행기를 바꿔타며 거의 온종일 날아가 닿은 아이슬란드다. 꼬박 비행기에 앉아 보낸 시간만 더해도 18시간 이상의 힘든 비행이니 지금 나서지 못하면 영원히 못할 것 같아 용기를 냈다. 고통을 감내하면서도 기어이 지구 반대쪽 아이슬란드까지 날아간 보상이 땅에 발을 닿자마자 펼쳐진다. 눈이 휘둥그레지는 생경한 풍경들은 제쳐두고 먼저 폭포로 빠져든다.

물이 흔한 나라다. 변덕 심한 날씨에 현지인들은 우산을 쓰지 않고 들판의 양처럼 그냥 맞으면서 산다는 말을 실감한다. 우의를 입고 처음으로 접근한 폭포는 '우리다 포스'다. 근처의 잔챙이 폭포처럼 산허리를 핥으며 흘러내리지 않고 뛰어내린다. 삼단으로 굽이쳐 내려오던 폭포가 아래쪽에서 펑퍼짐하게 퍼져 세 갈래로 흩어지는 풍채에 이름표를 붙일 만하다. 처음의 폭포에 탄성이 터져 나온다. 비를 피해 폭포 옆 바위 아래에 옹기종기 모여있는 양 가족이 귀엽고 측은하여 자꾸만 돌아봐진다.

다시 차를 세운 곳은 '글루가 포스'다. 이름을 얻은 폭포답게 높은 곳에서 떨어지면서 거센 물줄기가 현란한 재주를 부린다. 가만히 떨어지기 심심한지 저쪽 벽을 치고 다시 이쪽 벽을 치면서 꺾어져 내린다. 파란 소에 거칠게 뛰어내린 물은 순한 양이 되어 유유히 흐른다. 물뿌리개로 뿌리는 듯한 물의 세례를 받는 암벽의 이끼가 호사를 누린다. 겨우내 꼼짝없이 굳어있던 얼음에서 물이 되어 흘러내리니 얼마나 신날까. 일상을 탈출하여 여기까지 날아온 자유로움이 하얗게 부서지는 물방울과 함께 허공으로 날아오른다. 물가에 가득한 미나리아재비 샛노란 꽃들도 덩달아 춤을 춘다.

흔히 먹는 샐러드와 이름이 비슷한 '셀라란즈 포스'에 닿는다. 물기를 털고 접어두었던 우의를 다시 입고 다가간다. 놀라움의 함성이 조금 더 세어진다. 이 폭포의 특징은 나이아가라 폭포처럼 걸어서 폭포 뒷면을 볼 수 있다는 것이다. 거침없이 낙하하는 거센 물줄기의 뒷모습도 당당하고 멋지다. 폭포의 뒤태처럼 진정 뒷모습도 아름다운 사람이 되어야 하지 않을까. 앞과 뒤가 다르지 않은 올곧은 사람으로 살아가라고 폭포는 눈도 못 뜨게 물방울을 튕긴다.

다음은 '스코가 포스'다. 해가 지지 않는 백야의 늦은 시간에 스르륵 펼치고 잠을 청해야 할 듯, 예쁜 레이스 커텐 같은 폭포다. 폭포를 배경으로 낮은 건물의 호텔과 레스토랑을 겸비한 아름다운 곳이다. 여행의 첫날에 길고 고단한 여정의 짐을 풀어놓고 여유롭게 돌아보는 폭포는 더욱 단정하다. 바이킹의 보물이 폭포 뒤에 숨겨져 있다는 전설 같은 풍문을 밟으며 오늘 처음 만난 룸메이트와 폭포 위 전망대에 오른다. 폭포로 향하는 물길이 흐르는 계곡도 멋진 작품이다. 길이 있기에 무작정 걸으며 서로를 알아가는 대화는 물길을 따라 끝없이 이어진다. 시계를 보지 않고는 도저히 밤낮을 분간할 수 없는 백야의 신비함이 커텐 같은 '스코가 폭포'에 흘러내린다.

다음날 '대티 포스' 앞에 섰다. 감탄하며 보았던 어제의 폭포는 그야말로 잔챙이 폭포에 불과하다. 폭포 앞에서 터져 나오는 함성이 더 커진다. '점점 세게'라는 음악의 부호가 생각날 만큼 이제껏 봐온 폭포와는 비교할 수 없을 정도로 웅장하다. 수량이나 규모, 주변 배경이나 관광객의 수도 하나같이 엄청나다. 남성미 넘치는 '대티 포스'는 이름 그대로 주체할 수 없는 힘으로 무지막지하게 뛰어내린다. 규모는 조금 작지만 '악마의 목구멍'이라는 남미의 '이과수 폭포'가 연상되는 웅장하고 기세가 등등하다.

신의 폭포라 일컫는 '고다 포스'는 캐나다의 '나이아가라 폭포'와 닮았다. 가운데 바위만 없다면 영락없이 말발굽 모양의 형상이다. '대티 포스'에 비해 다소 여성적인 느낌이다. 전통적인 토속 종교와 기독교 간의 갈등을 잠재운 전설적인 이야기가 서려 있는 '고다 포스'다. 거부할 수 없는 신문물의 유입을 받아들이기 위해 오랜 전통의 신상을 과감하게 폭포수에 던져버렸다는 리더의 대단한 결단력이 돋보이는 신의 폭포인 게다. 낙하한 물이 흘러가는 주변의 주상절리와 기괴한 암벽이 더욱 인상 깊다.

수도 레이캬비크와 가까운 곳, 골든 써클에 있는 '굴 포스'를 마주한다. 황금 폭포라는 '굴 포스'는 관광 필수 코스라서 밀려드는 관광객으로 체증이 생긴다. 인파에 떠밀려도 반드시 봐야 할 황금 같은 폭포다. 며칠간 보았던 모든 폭포를 합쳐놓은 듯, 마지막에 나타나는 주인공처럼 숨 막히게 등장한다. 삼단으로 쏟아지던 거대한 물줄기가 하나로 합쳐져 흐르는 장엄하고 웅장한 '굴 포스'를 가까이서 보니 빨려들어 갈 것 같아 아찔해진다. 거대한 물줄기가 흘러갈 틈을 만들어주면서 민낯을 드러낸 암벽의 속살도 신의 걸작품이다. 숨어있던 '하우이 폭포'는 100m가 넘는 아찔한 높이에서 한 치의 흐트러짐도 없이 단아하게 쏟아져 내린다. 가슴을 찌르는 단검의 예리함이랄까, 멀리서 봐도 다리가 후들거리고 섬뜩해진다.

섬을 한 바퀴 돌면서 수많은 폭포를 만난다. 쏟아놓은 감탄사가 폭포를 이룬다. 빈약한 인간의 언어로 표현할 수 없는 거대하고 웅장한 대자연 앞에서 점점 격해지는 감동과는 반대로 점점 말은 줄어든다.

폭포를 벗어나 자정되어 흘러가는 맑고 깨끗한 물길이 아득하다. 저 물길이, 물이 부족하여 병들고 죽어가는 아프리카에 닿는다면 얼마나 좋을까. 이곳은 물은 풍부하지만, 태양의 시간이 부족하여 극야를 인내해야 하는 아이슬란드다. 저곳은 넘치는 태양의 시간이 오히려 재앙이 되고 점점 메말라 가는 뜨거운 대지다. 뭔가 불공평하다는 생각이 오히려 공평하다는 생각으로 돌아선다. 물이 되어 대지의 갈증을 적셔주고, 생명을 일으키고 싶은 것이 오랜 시간 빙하로 굳어있던 폭포의 꿈이 아니었을까. 이 흔한 물로 뜨거운 지구의 열기를 식혀주고 싶은 내 마음도 폭포의 꿈을 따라 유유히 흘러 간다.

이끼처럼

 녹음 우거진 가로수가 반갑다. 고작 열흘 동안의 아이슬란드 여행이었는데 몇십 년 만에 고국에 돌아온 듯 감격스럽다. 너무 먼 곳의 여행이라서 그럴까. 지구의 풍경이 아닌, 외계의 행성처럼 낯선 풍경 속으로 갔다 와서 그런지도 모른다. 차창 밖으로 갯벌이 함께 달린다. 갯벌 위의 구불구불한 물길이 민달팽이 지난 흔적처럼 하얀 선으로 반짝거린다. 거무스레한 갯벌을 온통 뒤덮은 붉은 함초가 한 폭의 수묵채색화다. 갯벌을 지키며 버티고 있는 붉은 함초를 보니 눈이 아프도록 보고 온 아이슬란드의 이끼가 생각난다. 무엇인가를 덮고 있다는 공통점 때문일까.
 아이슬란드에 첫발을 딛는 순간 신선한 충격으로 다가온 것은 이끼였다. 이끼가 저렇게 당당하게 온 들판을 다 차지하고 있다니, 그래도 되는 것일까. 사진으로 본 그림 같은 초원 대부분이 이끼라니 눈으로 보면서도 믿을 수 없는 낯선 경치 앞에서 무중력 공간의 어지러움을 느낀다. 내가 아는 이끼는 고작해야 빛이 거의 들지 않은 음침한 곳에서도 잘 자란다는 것과 솔이끼와 우산이끼 정도가 전부다. 영화 '이끼'에서 범죄, 은닉 같은 단어와 어둡고 무거운 느낌의 단어와 결합되어 있었기 때문에 선입견이 좋지 않았던 게 사실이다. 이끼에 대한 얕은 지식이 부끄러워진다.

케플라비크 국제 공항을 빠져나가는 길가에 제주도 곶자왈에서 보았던 바로 그런 돌덩이가 좌우로 가득하다. 터지고 갈라진 등 껍데기 같은 뾰족하고 거친 용암 덩어리에 마른버짐처럼 이끼가 듬성듬성 피었다. 시야에 가득 차는 녹색 이끼들이 얼핏 보면 푸른 초원 같다. 길가에 가로수가 없다는 것과 먼 산에도 나무가 보이지 않는 사실도 의외다. 돌 틈 사이로 녹색 풀이 자라고 풀 사이에 보라색 꽃 루핀이 한창이다. 토양이 얕아서 나무도 제대로 품을 수 없는 대지에 루핀은 어찌하여 저리도 활짝 웃으며 무리 지어 피었는지 온통 신기하다.

여행 내내 이끼가 덮고 있는 용암지대를 오갔다. 이끼의 종류가 많다는 것을 실감하면서. 지평선과 수평선이 함께 달리는 바닷가의 이끼는 갯벌을 덮고 있는 파래 같다. 고향의 바닷가 갯바위를 타고 파래를 긁어모으던 추억을 소환하여 함께 달린다. 여행 이튿날 용암지대를 달릴 때는 완전히 다른 느낌의 이끼를 만난다. 울퉁불퉁한 돌을 덮고 있는 이끼는 우리를 향해 달려오는 물개 떼의 머리처럼 몽실몽실하다. 물개 떼가 우리를 향해 쫓아오는 듯한 풍경도 이곳 아니면 볼 수 없는 신기한 이끼의 작품이다. 사방천지에 카펫을 깔아 놓은 듯, 부드러운 벨벳 천을 펼쳐놓은 듯 온통 이끼 천국이다.

 불과 얼음의 땅이라고 했다. 이름 그대로 아이슬란드는 땅 밑에 도사리고 있는 뜨거운 불덩이를 거대한 빙하가 짓누르고 있는 셈인가. 잦은 화산 폭발과 용암 분출로 대지는 거칠고, 짧은 태양의 시간에 농작물 재배도 쉽지 않은 불모지에 어떻게 인간이 정착하게 되었을까. 이끼가 앞장섰을 것 같다. 인간의 발길보다 한발 앞서 불과 얼음의 틈새에 파고든 최초의 녹색 생명체가 바로 이끼였으니. 낮은 자세로 엎드리고 똘똘 뭉쳐서 기어가지 않았으면 변화무쌍한 악천후에 맞서 어찌 버티고 견디었겠는가. 빙하가 녹아 흐르는 차가운 물가든 뜨거운 돌덩이든 어디서든 끈질긴 생명력으로 비록 헛뿌리지만 단단히 붙잡고 세를 넓힌 이끼의 덕분이 아니겠는가.

 이곳은 빙하에 갇혀 동면에 들었다가 서서히 깨어나는 혈기 왕성한 땅이다. 나무가 뿌리를 내리고 살만큼의 흙이 만들어지지 않은 거친 청년의 땅인 게다. 화산 분출로 뒤엉킨 돌덩이가 곰삭은 흙이 되어 나무를 품을 때까지 얼마나 많은 시간이 더 필요할까. 한여름 잠시 길을 열어주는 하이랜드 안의 검은 모래와 검붉은 구릉지는 이끼마저 접근을 허락하지 않는 신생의 땅이다. 대자연의 시간 앞에서 조바심 내어봤자 소용없는 기다림이라는 것을 침묵으로 알려준다. 솟구쳐 나와 펄떡이는 지구의 뜨거운 심장박동이 잦아들기를 기다렸다가 가장 낮은 자세와 느린 걸음으로 서서히 점령해가는 이끼는 가장 겸손한 침입자다.

 빙하와 화산이 겨끔내기로 산을 만들고 파괴한다. 빙하가 녹아 흘러내리면서 펑퍼짐한 용암대지를 가르고 세월 지나면 뾰족한 산이 만들어질 테지. 뾰족한 산도 어느 순간 지진과 화산으로 뭉개져 버릴지 모른다. 여기저기서 폭포를 이루며 흘러내리는 산 중턱에는 어김없이 카키색 이끼가 정상을 향해 부지런히 기어오르고 있다. 이끼보다 좀 더 신선한 초록은 이끼 속에 날아든 풀씨가 자란 초원이다. 초원에는 어김없이 하얀 양 떼가 점점이 박혀있다. 초원의 양도 자연스럽게 자연을 즐긴다. 폭신한 이끼 속에 날아든 꽃씨가 고 짧은 태양의 시간에 꽃의 영광을 노래한다. 예쁘고 앙증맞은 이끼 속의 야생화에 넋을 잃는다. 이끼가 덮어준 대지 위에 풀과 꽃과 나무가 자라는 선명한 자연의 질서가 아름답기 그지없다.

  이곳 사람들의 삶이 이끼를 닮았다. 농사를 지을 수 없는 거친 돌밭에 이끼처럼 접근하며 대자연 앞에서 겸손하게 살아가는 그들이다. 풀이 자라기 시작한 초원에 양을 방목하고 말을 키우고 나무를 가꾸며 욕심내지 않고 이끼처럼 조금씩 삶의 영역을 넓혀 온 게다. 오래된 숙소의 방과 침대가 소인국 수준으로 작다. 바이킹의 후예다운 커다란 체구를 작은 침대에서 웅크리고 자고, 집도 절대로 크게 짓지 않는 그들이다. 자연을 함부로 낭비하지 않는 자연 앞에서 무한 겸손한 저들의 이끼를 닮은 지혜가 빛난다. 누구의 탓도 아닌, 철저한 자기 책임의 조심스럽고 절제된 자연에로의 접근으로 살아가는 그들이다. 빙하의 냉정함과 화산처럼 끓어오르는 열정으로 자연의 일부가 되는 삶이 부럽다. 잔혹한 흑야의 긴 겨울을 이겨내고 변화무쌍한 악천후에도 불평보다는 인내하고 순응하는 그들이 어쩌면 인류의 원시적인 미래의 모습이 아닐까.

 아이슬란드의 빙하가 다 녹아내리면 지구는 엄청난 기후 재앙을 맞는다고 미래 과학자들은 입을 모은다. 무섭다. 어찌 살아야 할까, 재앙으로 되돌아오는 자연의 낭비를 줄이고 태초의 자세로 이끼처럼 세상과 마주할 일이다. 타인의 실수나 눈물을 이끼처럼 덮어줄 줄 아는 미덕이 내게 얼마나 있는지 되돌아본다. 아이슬란드의 거칠고 청정한 땅에서 경이롭게 만난 이끼는 초심을 잃지 말고 겸손해지라고 태곳적 신비한 언어로 말해준다.

2부

부전시장 뒷길에서

괴테와 다시 읽는 동화·57 부전시장 뒷길에서·62 개오지·67
동백아·72 수첩·77 서 있는 캐리어·81 훌라 훌라 훌라라·86
느티나무와 북·91 때죽나무꽃·97

괴테와 다시 읽는 동화

 온천장의 밤은 화려하다. 코로나로 빛을 잃었던 상가의 불빛이 하나, 둘, 다시 불을 밝히고 도시의 밤은 서서히 깨어난다. 초겨울의 밤은 제법 싸늘한 공기를 품고 있다. 옷깃을 여미며 대낮 같은 밤길을 가는데 역광으로 형체만 보이는 검은 사람이 내 앞을 스쳐 지난다. "망개 떠억" 검은 사람의 입에서 들릴 듯 말 듯 작은 소리가 흘러나온다. 뒤돌아보니 무거운 듯 끌고 가는 떡 상자가 좌우로 기웃거린다. 다리가 성하지 못한 사람이다. 일순간 짠한 마음이 바람처럼 스친다.
 눈길이 그녀를 따른다. 먼 추억 속의 소리를 도시 한가운데서 듣다니, 발길을 멈춘다. 자동차 소리와 밤의 소음 속에서 저렇게 작은 목소리가 묻혀버리지 않고 뚜렷이 들리는 이유는 무엇일까. 힘없는 그 소리에 그리움이 전해진다. 어둠 속의 작은 소리가 확성기를 댄 듯 뚜렷하게 들린다. 한숨 자고 나도 아직 밤이던 겨울밤에 온 마을에 울려 퍼지던 망개떡 장수의 외침이 내게 온다. 슬픈 유년의 추억으로 저장된 망개떡 장수가 오늘 밤에는 성냥팔이 소녀로 변신하여 나를 붙잡는다. 꽁꽁 언 몸으로 환상 속의 할머니와 함께 하늘나라로 올라간 불쌍한 성냥팔이 소녀가 낡은 신발을 끌며 내게로 온다.

안데르센의 동화 '성냥팔이 소녀'는 참 슬픈 동화다. 손녀에게 동화책을 읽어줄 때 망설여지는 책이다. 물거품이 되어 사라지는 인어공주가 너무 슬프다고 엉엉 우는 손녀에게 차마 읽어주지 못한다. 차가운 겨울밤에 아무도 도와주는 이 없는 곳에서 홀로 죽어가는 어린 소녀를 외면한 동화 속의 어른이 된 듯 부끄러워지기 때문이다. 성냥을 다 팔지 못하면 야단치는 아버지가 무서워 집으로 돌아가지도 못하는 불쌍한 소녀를 어떻게 설명해줄 것인가.

다시 읽어도 참 잔인한 동화다. 아동교육의 의무는커녕 노동자를 인간으로 취급하지도 않았던 어두운 시절의 흔적이 뚜렷하다. 안데르센은 실제로 성냥공장에 다녔던 어머니를 배경으로 현실을 향해 뭔가를 고발하고자 했으리라. 독성 강한 백린에 노출되어 생명이 시드는 줄 뻔히 알면서도 어린 소녀를 마구 성냥공장으로 내몰았던 어른들의 무자비한 폭력을 세상은 무슨 말로 변명했을까. 부모로부터도 보호받지 못하고 사회로부터도 외면당한 손녀 같은 어린 생명이 겪었을 고통을 생각하면 가슴이 먹먹해진다.

더 강도 높은 아동학대와 노동착취가 오늘의 뉴스를 장식하고 있음이 가슴 아프다. 천연자원 콜탄을 둘러싼 피비린내 나는 분쟁 속에서 짓밟히는 인권이 실시간으로 전해진다. 카페트 공장에 갇혀 혹사당하는 어린 노동자들의 사연은 옛이야기다. 지금은 나아졌을까. 어릴 때부터 환각제를 먹이며 킬러로 사육되어 내전에 투입된 무서운 아이들, 전쟁의 포화에 사정없이 내몰린 아이들, 부모의 아동학대로 소리 없이 죽어가는 아이들, 차라리 동화이길 바라는 참혹한 현실에서 양산되고 있는 끔찍한 현대판 성냥팔이 소녀들을 어찌할 것인가. 되풀이되는 비참한 현실에서 이백 년 전의 동화를 부끄러워서 차마 읽어줄 수가 없다.

안데르센의 시대에 비하면 얼마나 많이 풍요로워진 세상인가. 슬프고 잔인한 동화로 세상 사람의 마음을 움직여 아동이 진정 복된 세상의 변화를 가져왔는가 자문해본다. 더 크게 벌어진 빈부격차의 현실에서 인권의 사각지대에 놓인 아이들, 굶주림과 질병에 노출된 아이들이 오늘날의 성냥팔이 소녀가 되어 간절한 도움의 손길을 내민다. 차마 눈 뜨고 볼 수 없는 불쌍한 아이들의 모습이 TV만 켜면 곳곳에서 쏟아진다. 직접 손이 닿지 못할 것 같은 불신이 눈앞의 아이로 향하는 안쓰러운 마음을 덮는다. 눈에 익은 영상으로 오히려 타성에 젖었는지도 모른다. 마치 다른 행성의 일인 양 채널을 돌려버린다. 성냥팔이 소녀를 외면한 그 옛날의 비정한 어른으로 다시 돌아가고 만다.

그때도 왕자와 공주는 있었다. 성냥불 하나에 피어오른 환상은 부모의 사랑을 듬뿍 받으며 행복한 가정에서 자라고 있는 왕자와 공주에게는 환상이 아니다. 암울한 시대의 한 단면을 고발하려는 작가의 의도는 어른이 되면 알 수 있으려나. 가엾게 죽어간 어린 소녀를 불쌍하게 여길 줄 아는 순수하고 아름다운 동심을 보호해야 하리라. 음지에서 힘겹게 살아가는 생명이 있음을 일깨워 주고 양지의 온기를 나누고 사랑으로 감싸주길 바라는 작가의 의도를 애써 찾는다. 불쌍한 사람을 보고 불쌍하게 생각할 줄 아는 선한 마음으로 자선남비 앞에라도 손잡고 가야 할 것 같다.

아이들의 해맑은 웃음소리가 울려 퍼지는 곳에 평화가 있다. 전 세계를 덮친 팬데믹과 끊임없는 전쟁과 각종 자연재해 앞에서 아이의 웃음이 사라지고 있으니 손녀의 미래가 걱정스럽다. 갈수록 치열해지는 경쟁사회를 대비하는 부모의 지나친 욕심으로 아이들은 또 다른 모습의 성냥팔이 소녀로 내몰리고 있지 않은가. 성냥팔이로 길거리에 내몰지 않고 비싼 옷과 장난감, 원하는 것은 뭐든 다해주는 부모님의 맹목적인 사랑에 감사하라며 이 책을 읽어줘야 할까. 평화롭고 자유로운 세상에서 깔깔거리며 목청껏 웃을 수 있는, 아이들이 진정으로 행복한 세상은 요원한 것일까. 한 개의 성냥불만큼의 작은 온기마저 사라져가는 오늘날, 자신들이 마구 헝클어놓은 세상에서 비뚤어진 희망으로 살아가는 어른들이 다시 읽어야 할 동화인 게다.

추억의 야식인 망개떡을 다 못 팔아 밤거리를 헤매는 장애자가 내 앞을 지나간다. 고단한 삶이 무겁게 비틀거리며 끌려간다. 성냥팔이 소녀가 걸터앉은 떡 상자를 뒤뚱거리며 끌고 간다. 오늘 팔아야 할 떡이 많은 듯 가볍지 않은 뒷모습이 측은하다. 달려가서 떡을 사 줄 생각은 미처 하지 못하고 길바닥에 발이 달라붙은 듯 우두커니 섰다. 행동하지 못하는 얕은 지성과 급냉동된 인간성이 진창의 흙처럼 발아래에 무겁게 들붙었다. 왜 하필 이 순간에 괴테의 명언이 떠오를까. '사랑이 살린다.' 그의 말을 되뇌며 멍하니 허공만 주시할 뿐이다.

부전시장 뒷길에서

　밀물에 잠긴 갯벌이었다. 늦은 시간에 찾은 부전시장의 낯선 모습이 황당하다. 해 저문 시장은 괴괴한 정적이 흐르고 야찔한 어둠이 차지하고 앉았다. 시장을 꽉 메우고 있던 상인과 손님들은 흔적도 없이 썰물에 휩쓸려 가버렸다. 씽씽 달리던 광안대교만 기억했다가 출근길에 꽉 막힌 광안대교에 갇힌 적이 있었던 바로 그런 상황이다. 직접 겪어봐야 알아차리는 지혜의 뒷북치기라 할까. 늘 접하는 시간대의 시장 모습만 기억하고 있던 터에 인식의 혼란이 출렁거린다. 시작과 끝이 일찍 돌아가는 부전시장의 생리를 미처 몰랐던 내 탓이다.
　화장을 지운 민낯이 이렇게 낯설 수가 없다. 마스크 착용한 얼굴만 기억하다 벗은 얼굴이 낯선 것처럼 어둠에 젖은 부전시장의 깊숙한 골짜기는 순식간에 암흑의 세계가 된다. 약속 장소에 두고 간 물건을 더듬거리며 찾아들고 돌아서니 캄캄한 동굴이 버티고 있다. 희미한 어둠을 밟고 들어왔는데 시커먼 두려움이 발목을 잡는다. 탈출을 위한 기억의 회로를 열심히 되돌려 퇴로를 찾는다. 동굴 같은 시장을 빠져나오니 도로변의 점포도 공연이 끝난 무대처럼 일제히 검은 천을 덮어쓰고 있다. 미처 상점 안으로 옮기지 못한 물건들은 놓였던 자리에서 야전병원의 병사처럼 죽은 듯 하루를 마감한다. 활짝 피었다 진 꽃자리에 죽음 같은 성찰의 시간이 내려앉는다.

 마주하는 길 건너의 상가는 잠에서 깨어난다. 저녁 장사를 시작하는 곰장어 거리의 화려한 불빛 또한 낯설기는 마찬가지다. 연탄불 위에서 꿈틀거리는 곰장어가 온몸으로 부활을 축포를 쏘아 올린다. 호이안의 등불보다 화려한 전등이 줄을 타고 흐른다. 곰장어 익어가는 냄새가 빈소의 향내보다 강하게 코를 찌른다. 길 하나를 사이에 두고 생과 사가 공존하는 낯설지만 익숙한 별천지를 마주한다. 동굴 같은 시장 안을 더듬는 시간에 낮과 밤의 근무교대식을 감쪽같이 해치운 게다. 기준에 따라 왼쪽과 오른쪽이 바뀌는 부전시장 뒷길에서는 생과 사의 두 줄기 삶이 긴 역사를 꼬고 있다.
 연탄불을 지피며 밤이 오기를 기다린 오른쪽의 삶을 본다. 왼쪽이 죽어야 살아나는 오른쪽인 게다. 지구는 스스로 돌고 있으니 그냥 기다리면 돌아오는 삶이라서 얼마나 다행인가. 굳이 손에 피 묻히지 않고, 원수처럼 서로 죽이지 않아도 살 수 있는 공존의 현장이다. 왼쪽이 숨을 몰아쉬며 바톤을 넘기면 자연스럽게 이어받아 거친 숨결로 달리는 오른쪽이다. 맑고 푸른 가을 하늘 아래에서 힘차게 울려 퍼지던 그 함성의 아름다운 릴레이가 아닐 수 없다.

　반드시 차례를 기다려야 한다. 꽃이 져야 열매가 맺히듯 왼쪽이 사그라질 때까지 거스를 수 없는 자연의 법칙에 순응해야 하는 오른쪽이다. 밀물이 다시 썰물로 빠져나가고 질펀한 갯벌의 잔치가 열리기를 기다려야 하듯, 하얀 침묵의 시간을 건너야 한다. 성급하게 전을 펴 봐야 손에 쥐는 것은 껍데기뿐임을 경험으로 익힌 지혜인 게다. 세상살이가 저렇게 순리대로 돌아간다면 얼마나 좋을까. 길의 가운데를 쳐다보면서 지구를 돌린다. 해 뜨면 움직여 살아가고 해 지면 잠자는 우주의 질서를 가장 잘 지키고 있는 부전시장 뒷길이 아닌가. 태양을 중심으로 돌아가는 행성의 질서 그대로 단순하고 소박한 삶이 펼쳐지는 부전시장의 뒷길에 신의 축복이 빛나는 불빛처럼 쏟아져 내린다. 호객하는 아줌마의 칼칼한 소리에 자갈돌 굴리는 파도 소리가 묻어난다.

　어머니의 시장이 파도 소리에 실려 온다. 고향 통영의 판데목 좁은 바닷길이 부전시장 뒷길에서 흐른다. 한 발만 건너면 닿을 것 같은 미륵도를 마주하고 있는 좁디 좁은 해로는 해저터널을 품고있다. 거제대교 이전에는 동양 유일의 해저터널이었던 통영의 해저터널 앞 공터가 어머니의 시장이었다. 오른쪽과 왼쪽의 질서를 가늠하는 부전시장의 뒷길 같은 물길을 따라 생과 사의 갈림길을 걸어오신 내 어머니의 시장이 있었다. 아침과 저녁, 일시적으로 잠깐씩 펼쳐졌던 난전에서 연탄불로 데운 단술도 팔고 조개랑 파래랑 손수 건져온 바다를 팔았다. 어머니의 시장이 부전시장 뒷길에 홀로그램으로 겹쳐진다.

조개껍데기가 산처럼 쌓일 때쯤 새벽이 열리고 아침 장사가 시작되었다. 두 시간 남짓한 짧은 시간의 장사로는 턱없는 끼니 걱정에 허리띠를 조였던 어머니셨다. 해풍에 삭아 내리는 등줄기, 삭신이 쑤시는 고통은 잠 못 이루는 밤의 몫으로 던져 놓고 어머니는 다시 바다에 엎드리셨다. 부전시장의 왼쪽과 오른쪽 같은 바톤 이어받기도 없이 혼자 계속 달릴 수밖에 없었던 어머니, 종일 바다를 파고 교대도 없이 다시 저녁 시장에 앉으셨다. 부전시장의 낮과 밤 같은 휴식의 시간을 억지로라도 가졌더라면 그렇게 쉽게 가시지는 않았을 텐데. 자연의 순리대로 순박하게 살아온 삶이건만 하나 빠트린, 쉼 없는 몸놀림의 유죄로 삶의 무대에서 일찍 퇴출을 당하신 게다. 부전시장 뒷길에서 그리운 어머니를 불러보는데 고향의 좁은 바닷길이 눈물로 흐른다.

피고 지고 다시 피며 무한 반복되는 부전시장의 뒷길이다. 이곳에는 교과서에도 없는 경전 같은 삶의 법칙이 있다. 낮이고 밤이고 순리대로 활짝 피어나는 꽃 같은 삶이 아닌가. 주어진 목숨값을 제대로 수행하는 것 같아 만족스러운 기운이 흐른다. 비록 왼쪽은 잠들었어도 오른쪽에서 벌떡거리는 시장의 힘찬 박동이 헐거워진 내 의식에 다시 불을 지핀다. 주어진 시간 안에서 치열하게 살아가는 숱한 목숨의 뜨거운 몸짓이 곰장어처럼 꿈틀거리는 곳이다. 태양의 길을 따라 달려가는 양쪽의 길 가운데에 버티고 섰다. 이왕 늦은 김에 눈물로 남겨진 가슴 속의 어머니를 모셔놓고 술 한 잔 대접해드리고 갈까.

부전시장 뒷길은 밀물과 썰물로 넘실거리는 눈물 젖은 고향의 바닷길이다.

개오지

    손녀의 앞니에 구멍이 뚫렸다. 초등학교 입학을 앞둔 손녀가 '앞니 빠진 개오지'가 되었다. 이빨에 김을 붙이고 관객을 웃기던 코메디가 생각나서 피식 웃는다. 나도 모르게 '앞니 빠진 개오지'라고 놀려먹었더니 '개오지'를 알 리 없는 부녀가 처음 듣는 그 말이 무슨 말인지 어리둥절한 표정이다. 궁금증의 화살이 먼저 내게로 향한다. 몸이 기억하고 있는 말이기에 추억 속에 답이 있으려나, 노래를 부르며 앞니 빠진 친구를 놀려 먹었던 추억 속으로 달려간다.

    개오지의 뜻을 알기나 했을까. 뜻도 모르고 무작정 친구를 놀려먹기도 하고 놀림을 당하기도 했던 흑백 사진 같은 추억이 되살아난다. 그런데 그 노랫말 한 줄을 몇 번이나 되풀이해 봐도 뭔가 개운치가 않다. 분명히 노랫말이 더 있었던 것 같은데 생각이 나지 않는다. 추억은 가물거리고 노래의 뒷부분은 오리무중이다. 검색에 더딘 내게 여전히 힘들어도 인터넷 선생을 찾을 수밖에.

개오지란 개호주의 경상도 방언으로 새끼 호랑이를 말한단다. 젖니가 빠지고 영구치가 나오는 입학 적령기의 아이를 일컫는 말이라고 한다. 뜻 모르고 불렀던 개오지가 새끼 호랑이였다니 새삼 놀랍지만, 여기까지밖에 알 수 없는 답답함에 입안이 간질간질해진다. 입안에서 뱅뱅 돌면서 금방이라도 튀어나올 것만 같은데 가슴만 답답해진다. 생각나지 않는 뒷부분의 노랫말을 옹알거리다가 다음 날 산을 오르며 친구들에게 물어보았다. 또래의 추억 속에 답이 있었다.

추억을 더듬어 한 가닥씩 노랫말을 찾았다. 몸이 기억하고 있는 노랫말이 솔솔 쏟아진다. 입에서 입으로 전해진 구전동요의 매력이 아닐 수 없다.

"앞니 빠진 개오지/ 우물가에 가지 마라/ 붕어 새끼 놀린다."

무릎을 쳤다. 속이 후련해진다. 발길을 멈추고 함께 불러본다. 어린 시절로 돌아간 듯 신이 난다. 힘을 합쳐 노랫말을 찾아낸 기쁨이 더해져서 고함을 지르니 온 산이 들썩거린다. 조용한 숲속에서 늙수그레한 여인들이 빙 둘러서서 발을 굴리며 소리를 질러대니 낙엽도 바스락 서걱서걱 장단을 맞춘다. 그때는 미처 몰랐던 노랫말을 다시 음미해 본다.

호랑이는 우리의 전래동화에 단골로 등장하는 친근한 동물이었다. 나쁜 인간을 벌주는 신령스러운 존재로, 때로는 사람을 해치는 무서운 짐승이지만 익살스럽고 순진한 캐릭터로 늘 인간들 곁에 있었다. 아무리 무서운 호랑이도 새끼는 고양이처럼 귀여웠을 터이다. 장차 날카로운 이빨을 드러내며 무서운 호랑이가 될지라도 새끼니까 무섭지 않을 뿐만 아니라 앞니까지 빠졌으니 얼마나 가소로웠을까. 우물가의 작은 개천에 사는 붕어 새끼도 놀릴 만큼 약해진 몰골로 우물가에 가지 말라고 당부를 하는 것이다. 새끼호랑이가 놀림을 받을까 봐 우물가에 가지 말라고 염려해주는 따뜻한 마음이 담긴 노랫말이 아닐 수 없다. 어리지만 호랑이의 품격을 지키라는 우정어린 충고다. 자라서 나라의 기둥이 될 아이를 미리 호랑이로 인정해 준 배려가 정답다.

고향이 경북인 한 친구의 기억은 조금 다르다.

"앞니 빠진 개오지/ 새미질에 가지 마라/ 빈대한테 뺨 맞는다."

동화의 한 장면 같은 상황이 그려진다. 샘이 있는 길가에 온갖 동물들이 목을 축이러 모여든다. 비록 새끼지만 호랑이가 나타났으니 흠칫 놀라 비켜서는데 입을 벌려 물을 마시려는 새끼 호랑이를 보니 앞니가 빠졌구나. 우습고 무서울 게 없다. 동물의 털 속에 빌붙어서 딸려온 작은 빈대가 톡 튀어나와 맺혔던 한을 푸는지 뺨을 때린다. 빈대에게 맞아봤자 아프기야 하겠냐만 얼마나 부끄러운 일이겠는가. 그러니 그런 우스운 모습으로 새미질에 가지 말라고 어린 호랑이를 위해주는 마음이 얼마나 다정한가.

개오지 덕분에 젖니 뽑던 추억에 젖는다. 흔들리는 앞니를 실로 묶어놓고 불안에 떨고 있을 때 어머니는 잠시 한눈팔게 해놓고 가볍게 이마를 탁! 치셨다. 눈 깜짝할 사이에 내 앞니가 어머니의 손에서 달랑거리고 있었다. 실 끝에 달랑달랑 매달려있는 앞니를 보고 아프지는 않지만 얼떨떨하고 허전해서 울음을 터뜨렸던 기억이 새롭다. 초가지붕을 향해 서서 '까치야 까치야 헌 이 줄게 새 이 다오' 하면서 휙 던져버리는 일까지 흔들리는 앞니를 빼는 일은 일종의 작은 성인식처럼 진지했다. 개오지라 놀리는 친구들의 놀림도 싫지 않았고 왠지 뿌듯했던 기억이 되살아난다.

개오지라는 놀림이 전혀 거부감이 없었던 기억이다. 누구나 한 번씩 개오지가 되었기 때문이었을까. 친구를 괴롭히는 오늘날의 왕따와는 차원이 달랐다. 젖니가 빠지고 영구치가 솟아나는 성장을 축하하는 의미가 담긴 축가였는지 모른다. 이빨이 흔들리면 음식물 씹기도 힘들고 아프기도 해서 고통이 따르게 마련이다. 일종의 작은 성장통을 겪으며 무럭무럭 잘 자라고 있는 아이들을 격려하고 함께 웃었던 노래였다. 얼른 새 이빨이 나오길 바라는 마음이 느껴지는 우습고 귀여운 노래다.

지금 다시 불러도 유쾌한 전래동요 개오지가 왜 요즘 아이들 입에서 사라졌을까. 어울려 뛰놀던 골목도, 함께 놀던 동무도 없어졌으니 누가 개오지가 된들 관심이 있기나 하겠는가. 함께 어울려 놀기보다는 온갖 종류의 장난감과 컴퓨터와 혼자서도 잘 노는 아이들이다. 놀이문화가 바뀌고 일찍부터 경쟁 사회를 익혀야 하는 아이들에게 '개오지' 노랫말은 당연히 호랑이 담배 피던 시절의 이야기 아니겠는가. 성인 가요를 너무나 멋들어지게 부르는 노래 신동을 보면서 세상의 변화를 실감한다. 꿈과 희망이 담긴 동요를 불러야 할 아이들이 구성진 어른의 노래를 부르다니 노래 실력에 감탄하면서도 왠지 안타까워진다.

　손녀는 젖니 보관용 작은 통에 젖니를 넣어 목걸이처럼 목에 건다. 젖니를 잘 보관하라고 일러주면서 손녀와 함께 개오지 노래를 불러본다. 먼 훗날 어른이 되어서라도 작은 젖니를 볼 때마다 자신이 그렇게 작은 존재였음을 상기하고 늘 겸손한 사람으로 살아가면 좋겠다. 할머니의 소망을 함께 담아 뚜껑을 힘주어 닫는다. 젖니 통에서 나는 달그락거리는 소리가 재미있는 손녀에게는 별다른 감흥이 없는 이상한 노랫말의 '개오지'이다. 추억을 소환하는 노랫말이 은근슬쩍 중독성이 있는지 입안에서 돌돌 구른다. 추억의 옛날 과자를 먹는 듯, 입 안 가득 달콤함이 고인다.

동백아

　밤새 또 그렇게 댕강댕강 모가지 비틀어 뛰어내렸구나. 에그, 성질머리하고는…. 뭐에 그리 화가 났더냐. 좀 참지. 도저히 참을 수 없었던 너의 분노가 무엇이었던고. 네 목을 조인 절망의 정체는 무엇이었던고. 그리 허무하게 놓아버릴 꽃의 영광이라면 왜 그리도 아등바등 찬바람 모진 고통 버티어 피어났던고. 너처럼 뛰어내리고 싶은 충동을 안고 밤새 절벽 앞에서 서성거리다가 대문을 나선 새벽길인데. 진즉에 뛰어내리고 싶은 사람은 난데 그마저 너에게 선수를 뺏기고 말았구나. 충혈된 내 눈 속에 네 고통의 밤이 걸어서 온다. 흥건하게 쏟아놓은 핏물 같은 너의 꽃자리에 발이 걸려 주저앉는다. 어쩌면 좋으니 동백아.
　너는 알고 있잖아. 죽을 것 같은 고통도 한순간이고 어차피 다 지나가는 것임을. 그런 것쯤은 나도 알고 있는데 지난 밤의 절망과 고통은 참으로 힘들었어. 유행하는 보이스 피싱을 당한 것도 아니야. 40년 지기 후배가 시뻘건 거짓말로 천연덕스럽게 사기를 쳤어. 그녀 자신도 사기를 당했다나. 연쇄 사기 사건에 희생제물이 된 내가 너무 속상해서 밤새 천 길 낭떠러지 위에서 망설였지. 받을 수 없게 된 돈보다 일순간에 잃어버린 긴 세월의 우정 때문에 더 세게 가슴을 친 줄 몰라. 자고 나니 부모님도 집도 모조리 사라지고 먼지 속에 남겨진 튀르키예 지진 피해 아동의 하늘이 무너진 상실감에 비하랴. 대체 너는 무엇 때문에 한 마디 비명도 없이 그리도 당당하게 뛰어내렸니.

  활짝 피었다가 미련 없이 생을 놓아버린 동백아. 피 같은 내 돈, 뚝 떼먹고 오히려 그 돈 없어도 살 수 있지 않냐는 뻣뻣한 태도에 차라리 내가 죽고 싶은 줄을 너는 알겠니. 바닥에 떨어져서도 처연한 아름다움으로 태연하게 꽃자리를 펼치다니, 아직 슬픔이 스며들지 않은 너의 얼굴에 반성도 뉘우침도 없는 뻔뻔한 그녀의 얼굴이 겹치는 까닭은 무엇일까. 시들면 누렇게 말라서 비틀어지거나 처참하게 부서져 내려야지 그렇게 통째로 톡 떨어져 예쁜 꽃물을 드리우면 너의 슬픈 운명에 울어줄 이 뉘 있겠냐. 마지막 자존심이라고? 그래 동백아 그거라도 있어야겠지. 남의 손에 넘어간 내 것이 아까워 온갖 악다구니 욕지거리 퍼붓고 나니 그런 자존심마저도 땅바닥에 내동댕이친 것 같아 한량없이 슬프구나.

  동백아, 대체 그 자존심이 뭐니? 이번에는 그 자존심 때문에 아버지와 아들이 깊은 골을 파고 전투를 하더라. 한 치의 양보도 없는 치열한 기 싸움의 가운데에서 난 뛰어내리고 싶었고 우아하게 생을 놓아버리는 네가 부러웠어. 러시아와 우크라이나의 전쟁처럼 얼마나 많은 상처를 남기고 끝날지 알 수 없는 부자지간의 대립에 숨이 막혔어. 중재할 수 없는 나의 무능함이 싫었어. 입 다물고 있는 며느리를 포함하여 모두가 미워졌어. 외면하고 싶은 현실에 지쳐버렸지. 결국에 뛰어내리고 만 너의 절망 앞에 차라리 죽어버리고 싶다는 헛소리만 지껄이다가 결국 한 발짝도 내딛지 못하고 새벽을 맞고 말았어.

자존심의 색깔은 무슨 색일까? 붉은색, 흰색, 분홍색까지 너의 색깔은 꽤 다양하더구나. 남편은 자신의 고집에 가까운 완고한 사고를 자신의 색깔이라며 자존심을 건드린 것은 절대 용서할 수 없다고 하더구나. 노후 준비를 소홀히 해놓았다는 아들의 말에 상처받지 않을 부모가 있을까. 평소의 착한 아들이 어쩌다 한 실언일망정 노년의 서러움으로 작은 말 한마디도 불붙는 도화선이 되는 게지. 누구보다 최선을 다해 부모님 모시고 자식에게 정성을 다한 아버지니까. 마음의 문을 닫고 어떤 말도 듣지 않으려는 두 사람 사이에서 절벽을 만나고 몇 번이나 조용히 뛰어내리고 싶은 충동에 밤을 지새웠단다. 너도 그렇게 떨어져 내릴 수밖에 없는 너의 운명에 도저히 참을 수 없는 화가 치밀었던 게지. 잘했어. 과감하게 떨어져 내리는 너의 결단력이 지금은 참으로 부럽구나.

동백아, 너의 자존심 앞에 생의 마지막까지 자존심 하나로 버티셨던 어머님이 생각나는구나. 며느리에게 추한 모습 보이기 싫어 대장암 말기의 분비물 젖은 기저귀도 몰래 혼자 치우셨지. 발발 떨면서 한 발 내딛는 것이 힘들어도 지팡이나 어떤 보행기도 마다하셨어. 자세를 곧추세워 최후의 일각까지 기어이 당신의 자존심을 지키셨던 어머님, 동백기름 발라 머리 단장할 때부터 너를 흠모하셨던 게야. 어머님의 세월을 따라서 살아가면서 시시때때로 가슴으로 파고드는 동백꽃 같은 그리움을 어찌해야 좋을지 몰라. 지금 추락한 나의 자존심과 배신감, 상실감, 허탈감, 온갖 슬픈 감정으로 입술이 타는데 바닥에 누운 동백아 너는 여전히 곱구나.

 아직 고운 모습 간직한 채 단숨에 생을 놓아버리는 너의 화려한 자유가 부럽구나. 죽고 싶어도 마음대로 죽지 못하는 인간의 운명을 너는 아니. 자력으로는 아무것도 할 수 없는 강보의 아이가 되어 벌레보다 못한 취급을 받으며 산 송장의 처절한 시간 속에 누워있는 사람 아닌 사람들이 얼마나 많은 줄 너는 모를걸. 너를 보니 요양병원에서 두 달반 만 짧은 시간 머물다가 붉은 동백이 되어 하늘로 가신 어머님 생각이 간절해지는구나. 다시는 되돌릴 수 없는 후회의 시간이고 기다려주지 않는 효의 기회라는 것 실감하고 반성하고 있어.

 우리의 죄가 진홍같이 붉어도 예수님의 피로 하얗게 사죄해 주신다는 성경 말씀 떠올리며 너 앞에 멈추어 섰어. 아무도 없는 이 새벽에 바닥에서 뒹구는 동백꽃 앞에서 혼자 올리는 거룩한 고해성사인지도 몰라. 고통이 은총이고 영광은 고통의 꽃이라는 생각을 하게 되는구나. 벌겋게 흩어진 너의 주검을 모닥모닥 모아서 더 큰 무더기 꽃송이를 만들며 보속을 바치려고 해. 동백아, 네가 매일 절벽에 서고 미련 없이 뛰어내리는 것은 너의 운명이지 결코 자존심도 서러운 눈물도 아닌 거지. 꽃의 역할이 끝나고 열매를 위하여 비켜줘야 하는 자연의 순리인 게지. 늙으면 자식에게 모든 것 물려주고 비켜 앉아야 하는 것처럼 말이야. 운명에 순응하는 너의 자세가 아름답구나. 저만치에는 나뒹구는 너를 모아 예쁜 하트를 꾸며놓았구나. 사랑의 또 다른 모습인 고통과 인내로 내 몫의 삶을 살아내야 하겠지. 동백아, 너의 고운 마지막이 참 부럽다.

수첩

　해가 바뀌는 날이다. 해맞이 나섰던 지인들이 곳곳에서 전하는 멋진 해 오름의 순간을 즐기면서 나만의 해맞이 행사를 한다. 따뜻한 방안에서 거룩한 의식을 하듯 헌 수첩과 새 수첩을 교체한다. 세상이 변하고 디지털이 대세지만 늘 하던 대로의 손에 익은 습관의 편안함 때문일까. 옮겨 적고 지우고 새롭게 정리하며 내 앞에 펼쳐질 일 년의 미래를 그려본다. 퓨전 음식이 판을 치는 세상에서 고향의 맛이 밴 묵은지를 꺼내는 기분으로 수첩을 정리한다.

　새롭게 펼쳐질 한 해를 주르륵 넘겨본다. 가족의 생일을 찾아 표를 한다. 제사도 찾고 연휴도 찾아본다. 나의 한 해는 또 어떤 기록을 남기게 될까. 수첩의 하얀 종이에 어떤 일들이 기록 되어질지, 나에게 주어진 한 해가 궁금해진다. 살짝 가슴이 설렌다. 올해도 계속해야 할 정기적인 모임이나 행사가 있는 날에 동그라미를 친다. 코로나

펜데믹으로 어떻게 변형될지 알 수 없는 나의 일 년이 벌써 12월의 끝으로 간다.

　기록에 의한 역사가 인류 문명의 발달에 얼마나 큰 영향을 끼쳐왔는지를 잠시 상기한다. 인간의 DNA 속에는 기록하고자 하는 인자가 있나 보다. 문자 이전의 선사시대에도 그림이나 기호로 기록을 남겼으니까. 미지의 미래를 살아내기 위해서 역사 안에서 답을 찾고 고난과 역경을 헤쳐나온 조상들의 지혜를 배운다. 역사는 어떤 형태이든지 기록에 의해 이어지기 때문에 기록하는 습관을 좋은 습관이라고 배워왔다. 나의 수첩 애용도 변화에 무딘 고집이거나 오래된 학습의 효과인지도 모른다.

　역사는 인류가 미래에 대처하고 오늘을 살아가는 디딤돌이 되는 중요한 흔적이다. 되풀이되는 역사를 바로 아는 것이 지난날의 잘못을 반성하고 올바른 미래를 준비하는 겸손한 인류의 삶이라 볼 때 기록이 얼마나 중요한 역할을 하는지 알 수 있다. 개인의 경우도 크게 다르지 않다. 큰 도서관 하나가 통째로 전자책으로 들앉는 시대를 살면서 굳이 종이에 적는 일이 그리 대수겠냐마는, 생각 없이 하루를 맞고 한 달을 맞는 것에 비하랴. 거창한 인류 문명의 발달까지 연결하지 않아도 한 개인의 삶에서도 기록에 의한 역사는 소중한 것이리라.

　엄밀히 말하면 수첩이라기보다 한 권의 책처럼 두툼한 노트 형식의 메모장이다. 화장대 앞에 펼쳐놓았다. 연간 계획과 월별 계획을 적는 난을 넘기고 일주일씩 끊어서 간단히 메모한다. 화장을 하면서 일정을 확인하고 화장을 지울 때 수첩 속의 나의 하루도 함께 줄을 긋는다. 탁상용 달력에도, 휴대폰 앱에도 같은 내용을 이중 삼중으로 메모를 하는 것은 더 심해지는 건망증 방지용이라고나 할까. 기록을 위한 메모가 아니라 정신 바짝 차리고 살기 위한 수단인지도 모른다.

임무가 끝난 지난해의 노트를 들추어본다. 1월에는 빼곡하게 기록되어있는 일정이 두어 달 지나면서 흐지부지 해버렸다. 듬성듬성 이빨 빠진 기록장이 몇 장 넘어가더니 이내 백지가 이어진다. 작심삼일이 여기서도 나온다. 수첩에 꼭꼭 적어가면서 알차게 하루와 일주일과 한 달을 계획적으로 살아가는 것도 느슨해졌다. 긴장 속에서 수첩을 끼고 살아왔던 세월이 낡은 신발처럼 헐거워진 게다.

문득 해묵은 수첩을 찾는다. 버리지 않고 모아 둔 곰팡내 나는 습관이 빛을 보는 순간이다. 지금은 전혀 기억에 남아있지 않는 사람과 사연들이 기억의 저편에서 솔솔 걸어 나온다. 망각의 늪으로 사라져 버린 일들이 생생하게 되살아난다. 해마다 명절이나 제사 때, 비슷한 계절에 했던 일들이 규모의 차이만 다를 뿐 대동소이하다. 도돌이표 삶이다. 내가 주인공이 되어 펼쳐진 재미있는 이야기가 바람 잔뜩 든 풍선처럼 부풀어 오른다. 지난날의 수첩은 내 삶의 발자취가 담겨있는 나만의 역사책이 아닌가.

기록의 최초가 궁금해진다. 수첩 한 권 펼쳐놓고 선사시대까지 달려가는 타임머신을 탄다. 생각의 줄기에 알타미라 벽화가 불쑥 떠오른다. 학창 시절 배웠던 지식은 이미 하얗게 탈색되었다. 인터넷 선생이 알려주는 알타미라 벽화에 대한 지식이 새롭다. 아주아주 오래전 인간의 삶을 엿보면서 기록의 힘이 얼마나 대단한 것인지 다시금 인식한다. 알타미라 벽화는 역사를 위한 기록이라기보다 그들만의 삶의 흔적일 것이라는 해석이 흥미롭다. 잡아서 먹고 싶은 동물을 그려놓고 잡게 해 달라고 빌었던 주술적인 의미로 해석한 사학자들의 주장에 공감이 간다.

아주 오래전의 인류가 행했던 주술적인 행위를 지금 되풀이하는 것일까. 잡아서 먹고 싶은 동물을 벽에 그려놓고 진지하게 의식을 행했던 그들처럼 소원하는 한 해를 수첩에 그리는지 모를 일이다. 새해 벽두에 수첩을 펴고 새롭게 주어진 일 년을 설계하며 알타미라 벽화를 그렸던 원시인이 된다. 새롭게 주어진 나의 일 년을 앞에 두고 주문을 왼다. 크게 나쁜 일 없이 무탈한 한 해를 살고자 하는 염원을 담아 수첩을 교체하고 있다. 태양 주위를 부지런히 돌고 있는 행성의 작은 지구에서 그래봤자 한 개의 점으로도 남지 않을 우리 삶의 시간 앞에 개인의 기록과 주술적인 행위가 특별한 의미가 있기나 할까. 나의 낙후된 아날로그적 삶을 유지하려는 변명일 수도 있다.

서 있는 캐리어

　거실에 들어서자 장식품처럼 놓인 자주색 캐리어가 눈길을 끈다. 처음 얼마 동안은 짐 정리를 하고 둘 곳이 마땅찮아서 거기에 일시적으로 놓아둔 줄 알았다. 빈방도 있는데 저 캐리어를 둘 곳이 없을까. 집안 어디에서도 훤히 보일 뿐만 아니라 부엌과 거실의 경계에 있다는 것은 무엇을 말하는 것일까. 늘 그 자리에 있는 자주색 캐리어가 오히려 눈에 익어 자연스럽다. 애완동물도 아니고 화초도 아닌 것을 한시도 눈에서 벗어나지 않는 곳에 두고 있음은 주인장의 특별하고 강력한 무언의 메시지가 있는 게 아닐까. 일 년이 넘도록 그 자리를 지키고 있는 자주색의 커다란 캐리어에 새삼 눈길이 간다.
　먼지 한 톨 없이 말끔하게 서 있는 캐리어가 수문장 같다. 새로 장만한 듯, 여행의 흔적도 없이 산뜻하다. 여행의 흔적을 덕지덕지 붙이고 만신창이가 되어 돌아온 캐리어의 일반적인 모습이 아니다. 여행에서 돌아오자마자 천덕꾸러기처럼 창고나 구석진 곳에 던져지는 나의 캐리어와 비교된다. 아직 주인을 따라나선 경험도 없어 보이는 깨끗한 캐리어인데 왜 저곳에 두고 있는지 사뭇 궁금해진다. 한 번씩 여행이 그리울 때면 저 캐리어를 굴리면서 상상의 나래를 펴는 것일까. 여행을 떠나고 싶은 마음을 달래며 먼지를 닦고 있는지 모를 일이다. tv에서나 그림으로 접한 멋진 풍경의 여행지로 데려가는 요술 양탄자로 변신하는 게 아닐까. 기회만 되면 언제라도 훌쩍 떠나고 말겠다는 의지일지도 모른다.

  부서지는 낙엽처럼 건조해진 삶에서 그나마 여행하는 것이 아직도 가슴을 들뜨게 한다. 계획하고 준비하면서부터 여행은 시작되고, 캐리어를 비워 제자리에 넣으면서 바로 다시 꺼낼 생각을 한다. 일상 탈출의 기쁨과 가사 노동에서의 해방감은 물론, 해주는 밥 먹으며 돈 쓰는 즐거움, 세상의 멋진 풍경을 보고 즐기는 여행의 꿀맛을 어찌다 표현하랴. 여행에서 돌아온 지 며칠 되지 않아도 캐리어를 끌고 가는 사람을 향한 부러움의 눈길을 멈출 수 없다. 여행도 중독되는 병일까. 여행은 언제까지나 꿈이고 설렘이다. 생의 활력소이다. 교수님 댁의 입구에 세워진 캐리어가 예사롭게 보이지 않는 이유다.

  여행에 대한 원초적인 그리움은 어디에서 오는 것일까. 늘 어디론가 떠나고 싶은 갈증을 안고 산다는 것은 훌쩍 떠나는 삶이 쉽지 않기 때문이리라. 인간 내면 깊숙이 잠재해 있는, 결국에는 낙엽처럼 인간도 떠나야 하는 운명이라서 그런지도 모른다. 만산홍엽의 계절을 즐기고 훌훌 떠나는 낙엽은 내년 봄의 부활이 기다리고 있기에 떠나는 데에 미련이 있겠는가. 한 번 가면 다시 돌아오지 못하는 인생이기에 더욱 여행을 그리워하는 게 아닐까. 계절과 상관없이 인생의 가을쯤에는 그냥 떠나고 싶은 본능이 역광에 빛나는 억새처럼 환하게 부풀어 오른다. 생의 마감일이 가까워질수록 사랑하는 사람과, 더 많이 같이 있고 싶은 친구들과, 혼자서라도 무조건 떠나고 싶어지고 캐리어만 보면 눈길이 간다.

뿌리 내린 그 자리에서 꼼짝하지 못하고 살아가는 나무는 육신의 낙엽을 잘게 부수어 떠나보내는 것으로 대리만족하며 살아간다. 떠나보냄으로써 또 새로움을 채우는 나무의 삶도 결코 우리네 삶과 다르지 않은 듯, 무릇 생명 가진 생명체는 생명을 떠나보내거나 스스로 떠남을 전제로 정해진 운명의 시간 속에서 허우적거리며 살아간다. 다만 떠나고 보낼 때를 스스로 아는 나무와 달리 그 때를 알지 못하는 인간은 언제 어느 때고 훌쩍 떠나고 싶을 때 떠났다가 돌아오고 싶을 때 돌아오는 자유로운 의지를 소원하는 것이다. 캐리어에 담아 입구에 세워두고 대리만족을 하는 것이 바로 그 자유의지인지 모른다.

아이슬란드 여행을 계획하며 일 년 전부터 설렘이 시작되었다. 하나씩 준비를 하는 중에 룸메이트가 갑자기 몸이 아파 함께 떠날 수가 없겠다고 한다. 멀기도 하거니와 한 번 마음 먹기 어려운 여행인지라 얼마나 공을 들이고 있는데 뜨악해진다. 개인 요금도 비싸지고 싱글차지를 물어야 할 판이라 더욱 애가 탄다. 이리저리 대타로 동행할 친구를 물색하기에 바빠진다. 하나같이 가고는 싶으나 건강이 염려되고 현재 몸이 안 좋아서 선뜻 결정을 못 하겠단다. 허리, 다리 아프니 나설 자신이 없어진단다. 이해하면서도 나 역시 지금 아니면 갈 수 없을 것 같아 마음이 다급해진다. 여행은 빚을 내서라도 갈 수 있을 때 가라는 어느 작가의 말이 떠오른다. 보란 듯이 세워둔 캐리어의 의미를 다시 생각한다.

 떠나는 것에 익숙해져야 할 때다. 당연히 떠나보내는 것에도 낯설어하지 말아야 할 때다. 카프카는 '인간은 잃어버린 고향을 찾기 위해 타향으로 떠나야 한다고 했다.' 잃어버린 고향의 모습을 오지 마을의 때 묻지 않은 자연에서 찾고, 천진한 아이 눈에서 자신의 어린 시절을 되돌아보는 여행가의 얘기가 솔깃하게 들린다. 여행은 자신을 찾는 길이라 했다. 캐리어에 담아간 생필품만으로도 얼마든지 살아갈 수 있는데 평소에 너무 많은 것에 짓눌려 살아가는 자신을 되돌아보기도 한다. 작은 캐리어 하나 달랑 들고 다른 임지로 떠나시던 수녀님 생각이 문득 난다. 여행으로 얻은 가볍게 살아가야 할 까닭을 캐리어에 담아오기도 한다.

 너무 크지도 작지도 않은 캐리어를 곁에 두고 산다는 것은 여행을 떠나듯 언젠가는 떠나야 할 삶이라는 것을 생각하며 산다는 게 아닐까. 천년만년 살 듯 욕심부리지 말고 적당히 누리고, 가진 것 나누고 베풀면서 살고자 하는 가르침인지도 모른다. 아무리 많은 부와 권력과 명예도 저 캐리어 하나 채울 만큼도 안 되게 모두 두고 떠나야 할 것임을 상기시키는 교수님의 깊은 마음이 아닌가. 다리에 힘이 빠지는 인생 후반부를 살아가는 사람이라면 문 앞에 저런 캐리어 하나쯤

세워놓고 사는 것도 멋진 그림이 될 것 같다. 서 있는 캐리어를 보면서 언젠가는 바퀴를 굴리며 여행을 떠나거나, 결코 떠날 수 없어도 슬퍼하지 않을 미래를 꿈꾼다. 왔다가 돌아갈 나그네 같은 인생임을 조용히 되새겨본다.

훌라 훌라 훌라라

여생은 무조건 즐겁게 살기로 마음을 다잡는다. '친구들과 재미있게 잘 놀다 와'. 어린이집으로 들어서는 아이의 손을 놓으며 하는 말을 나에게 한다. 황망한 죽음과 멀쩡하던 사람이 갑자기 수술대에 눕는 일들에 충격을 받아서일까. 잘 노는 것이 잘 사는 것이라는 결론을 만지작거리며 어느 가수의 흥겨운 노랫말을 중얼거린다. '훌라 훌라 훌라춤을 춥시다.' 탬버린을 높이 들고 흔들며 신나게 즐기는 분위기가 기분을 좋게 한다. 하와이의 훌라춤이 저절로 엉덩이에서 움찔움찔 솟아난다. 친구들과 '훌라'라는 카드놀이를 할 기대로 여행이 더욱 신난다. 약 보따리 챙기듯 여행 가방에 게임용 카드를 챙긴다.

동심이 그리운 세월을 건너고 있다. 살구받기, 딱지치기하듯 '훌라' 놀이를 자주 즐긴다. 훌러덩 옷을 벗어 던지듯 각자에게 주어진 일곱 장의 카드를 먼저 다 놓아버리면 이기는 게임이다. 인생의 여정에서 숙명의 과제를 빨리 끝내고 훌러덩 벗어던지고 싶은 욕망이 상통하는 동질감 때문일까. 에이스부터 킹까지 한 그림에 13장씩, 52장의 카드로 하는 놀이다. 붉은색의 하트, 다이아몬드, 검은색의 크로바, 스페이드 네 종류의 카드로 펼치는 게임이다. 눈에 잘 익지 않은 무늬와 색깔에 혼돈되어 엉뚱한 그림에 붙여놓아 웃음을 자아내기도 한다. 대단한 일을 하는 듯 돋보기를 끼고 덤벼드는 시작부터 우습다.

  손안에 든 일곱 장의 카드에 다양한 인생이 펼쳐진다. 선택의 여지 없이 주어진 대로 한 생을 살아내야 하는 딱 한 번뿐인 우리의 삶을 응축시켜 놓은 게임에 묘한 매력이 있다. 리더가 던져준 카드 일곱 장이 그림같이 좋은 패가 될 때도 있고 앞뒤 꽉 막힌 나쁜 패일 수도 있다. 어쨌거나 한 생을 살아야 한다는 공통점으로 머리를 짜내어 빨리 손을 털 길을 찾는다. 이번 생은 망했다거나 다시 시작되는 또 다른 생에 기대를 건다거나 전생을 관장하는 신의 영역을 넘나들며 부채처럼 펼쳐 드는 카드에 즐거움이 넘실거린다.

  한 판의 카드 놀이는 인생의 축소판이다. 한 생을 좌지우지하는 절대자처럼 착착 카드를 나눠 주는 사람이나 한 장씩 받아쥐는 사람이나 모두는 사뭇 진지해진다. 어느 길로 갈 것인지 뜻을 세우고 나아갈 길을 정하기까지 고 짧은 순간의 갈등이 어쩜 그리도 우리네 삶과 같은지, 뜻대로 되지 않는 인생살이와 똑 닮았다. 뜻을 세우고 나아갈려는 길에 상대방의 패가 걸림돌이 되기 예사다. 뜻하지 않은 순간에 한 장의 카드로 술술 잘 풀릴 때도 있다. 좌절과 포기는 미리부터

할 필요가 없다는 인생의 교훈도 더듬어 복습한다. 인생과 다른 점이 있다면 연습도 없고 다시 시작할 수도 없는 한 번뿐인 인생과는 달리 다시 멋지게 살아볼 수 있는 기회가 얼마든지 있다는 것이다.

기본적으로 손에 드는 패가 좋아야 한다는 것은 세간의 금수저 흙수저와 같다. 풀리지 않는 패로 끙끙거리다가 길을 잘 잡아 인내하다 보면 한 번에 성공에 이를 수도 있으나 그것은 흔하지 않은 인생의 요행이다. 올바른 규칙을 따르는 것은 게임이나 인생이나 똑같다. 부모 잘 만난 사람처럼 성공을 앞당기는 세븐 카드의 역할이 중요하다. 하지만 크게 이기려는 욕심으로 꽉 쥐고 있던 세븐 카드가 역효과로 낭패를 보기도 한다. 아무리 환경이 좋아도 자신의 노력 없이 공짜로 세상을 살려는 사람의 표상이다. 세븐 카드를 손에 쥐고도 기회가 오지 않아 잡히고 마는 억울한 사연도 많다. 이런저런 게임의 규칙과 놀이 과정에 울고 웃는 인생사가 들었었다.

게임이 산업의 한 몫을 단단히 차지하고 있다. 게임의 프로그램을 개발하는 소프트웨어뿐만 아니라 게임기를 만드는 하드웨어까지 게임산업이 차지하는 비중이 날로 증가하고 있단다. 프로게이머가 고수익자로 꽤 인기를 얻고 있다고 하니 게임을 무턱대고 나무랄 일은 아닌 게다. 가장의 노름으로 집안이 뒤엎어지고 풍비박산이 된 아픈 추억으로 아예 근접하지 않으려는 친구도 있다. 잘못된 인식의 틀에서 벗어나야 하리라. 하지만 점점 기계치가 되어가는 마당에 복잡하고 어려운 젊은이들의 게임에 접근하려면 미리부터 어지럽다. 특별한 장소와 시설, 값비싼 도구도 필요 없이 어디서든 쉽게 즐길 수 있는 놀이 중 '훌라' 만한 놀이도 없을 듯하다. 작은 카드 한 세트와 함께 할 몇 명의 친구만 있다면 쉽게 즐길 수 있는 놀이인 게다.

훌라의 또 다른 매력은 혼자서는 절대로 할 수 없는 것이다. 기본적으로 서너 명이 모여야 즐길 수 있는 놀이니 함께 할 수 있는 벗이 있다는 소중함을 이때만큼 절실히 느낄 때가 없다. 함께 하는 놀이는 다양하지만, 나의 잘못이 동반자에게 실례가 되지 않는 놀이다. 나의 불행이 남의 기쁨이 되는 게임의 규칙이 오히려 마음을 편하게 할 때도 있다. 이기고 싶은 욕심도 내려놓고 그냥 웃고 즐거우면 되니까 신선놀음이 아닐 수 없다.

웃음이 보약이라고 한다. 보약을 먹듯 웃음을 먹는 훌라 게임이다. 야무지게 둘러보지 않고 어벙하게 하다가 낭패를 보게 되는 꼴이 상대의 배를 잡게 한다. 모여앉아 쓸데없이 누구 뒷담 하지 않아 좋고, 골치 아픈 정치 얘기 안 해서 좋고, 그저 깔깔거리고 웃다가 손 탈탈 털고 일어서면 되는 놀이다. 공수래공수거의 이치를 다시 되새기는 놀이라서 좋다. 살아 온 인생의 총정리이자 앞으로 살아갈 학습의 장인 셈이다. 함께 어울려 몇 판 카드를 돌리다 보면 스멀스멀 기어오르는 외롭고 우울한 기분이 어느새 멀리 사라진다.

혼자 노는 아이들이 많아지고 놀이 문화도 급변하는 세상이다. 골목을 뒤흔드는 아이들의 뛰노는 소리도 아스라이 멀어졌다. 학원 가방 들고 오가는 틈에 잠시 들렀다 가는 놀이터도 외롭다. 골목 놀이를 기억하고 있는 노년의 친구들이 둘러앉아 살구받기 하듯 더불어서 함께 훌라를 하며 원초적인 기쁨에 젖는다. 장기나 바둑도 미리 터득해놔야 다리 밑 노인들의 서글픈 군상에라도 끼일 수 있는 게다. 함께 놀 친구 몇 명쯤은 곁에 두어야 함을 일깨워주는 훌라 놀이다. 즐거우면 아픈 줄도 모른다. 즐거운 황혼을 위해 적당한 훌라를 할 일이다. '훌라 훌라 훌랄라~' 어차피 인생은 한 판의 놀이가 아니던가.

느티나무와 북

 세간리 현고수 앞에 섰다. 등허리 굽은 할머니처럼 키가 작아진 느티나무다. 굵은 등걸에 비해 가지가 가늘다. 손주 같은 가지에 소진한 삶의 지혜를 매달고 소생의 팔을 뻗고 있다. 이야기보따리 가득 안고 양지에 앉아계시는 할머니의 잔잔한 미소가 바람에 나부낀다. 지팡이처럼 받침대를 짚고 버티며 찾아드는 길손에게 아직도 전하고 싶은 옛이야기를 건넨다. 닳고 닳아 뭉툭해진 할머니의 손가락 마디 같은 나뭇등걸에서 아련히 들려오는 젊은 날의 북소리를 듣는다.
 북을 치며 의병을 모을 때는 둥둥둥 북소리에 심장도 펄떡이는 청춘이었단다. 몇 안 되는 초보 의병을 북소리에 맞춰 훈련을 시킬 때는 의병과 하나 되어 의기양양하였단다. 영광의 소임을 다한 느티나무 허리 꺾어 세월에 순응하고 고고한 기상을 이어받은 어린 가지의 갈색 잎은 살짝 붉은 얼굴로 단풍이 든다. 할머니 무릎에 걸터앉은 손녀와 나누는 이야기를 엿듣는다. 아무리 들어도 전설 같은 홍의 장군의 이야기다. 오래된 느티나무 현고수는 또 하나의 나이테를 두르며 지금 다시 들어도 뿌듯한 승전고를 울린다.

현고수는 느티나무다. 마을을 지켜주는 수호신 역할을 하는 느티나무에 북을 매달았던 홍의 장군의 깊은 뜻을 헤아려본다. 느티나무는 은행나무와 함께 오래 사는 나무로 잘 알려져 있다. 마을의 수호신 역할을 하며 마을 어귀의 정자나무이기도 했다. 정자나무 아래에서 땀을 식히고 한낮의 휴식을 취하며 농사일을 의논하고 나랏일을 걱정하던 우리 민족의 보호수였다. 긴긴 세월 살아오면서 민족의 비극과 애달픈 백성의 눈물을 지켜보며 묵묵히 그 자리를 지켜온 느티나무가 아닌가. 홍의 장군이 바로 옆의 은행나무를 마다하고 느티나무에 북을 매단 것에도 특별한 의미가 있는 것 같다.

내 유년의 동산에도 느티나무가 있었다. 느티나무가 버티고 있는 동산을 오르내리며 배고픔을 잊고 느티나무에 꿈을 매달았다. 홍의 장군이 북을 치며 전진을 외쳤던 것처럼 가난을 벗어나기 위해 앞으로만 달려온 세월이었다. 봄에 늦게 싹을 틔운다고 느티나무라고 한다더니 늦게 싹을 틔운 나무가 여름날이면 더욱 무성한 잎으로 시원한 그늘을 마음껏 내어주지 않던가. 대기만성의 느티나무는 재질이 강하고 질겨서 뒤틀리지 않는다고 한다. 잘 썩지 않고 물에 잘 견디어 농기구 손잡이나 가구, 건축재로 널리 사랑받는 느티나무다. 꽃보다 화려한 샛노란 단풍으로 단장한 거구의 은행나무가 지척에 있지만, 상처를 딛고 새로운 가지로 역사를 이어가는 현고수 느티나무에 더 애정이 간다.

　지척의 은행나무를 보았기에 꺾이기 전의 크기를 짐작한다. 위풍당당하게 역사를 이고 서 있는 거대한 은행나무보다 어쩌면 더 범위가 넓었을지도 모른다. 나라가 처한 풍전등화의 위기에 스스로 나서서 북을 걸었던 곽재우 장군의 다급한 마음을 나무라고 어찌 몰랐겠는가. 충의의 북소리가 멀리멀리 울려 퍼지고 더 많은 장정이 모이라고 필사적으로 온몸을 떨었고 그 진동의 고통을 말없이 감싸 안았을 현고수다. 가장 먼 잔뿌리 끝에서부터 뿜어 올린 힘으로 북을 지탱해 주었으리라. 보호 철책이 가로막은 현고수에 마음의 손을 뻗어 쓰다듬어준다. 현고수는 최초로 의병의 불씨를 지폈던 장군의 힘찬 북소리를 지금도 뚜렷하게 기억하고 있는 것 같다.

　북은 소리를 내어 인간이 신에게 소원을 빌고 신의 강림을 기원할 때 사용한 악기다. 인간에게 신의 뜻을 전달하는 의미도 있었다. 당산굿이나 무당굿을 할 때 북이 필수적인 이유다. 풍전등화의 나라를 구하기 위해 북을 매달고 힘껏 쳤던 그 마음, 간절한 북소리가 어찌 하늘에 닿지 않았겠는가. 기강전투와 정암진전투를 승리로 이끌었던 지략과 전술이 하늘이 준 응답이 아니겠는가. 천강天降홍의장군이라 부르는 까닭을 비로소 알겠다.

　북은 음악 연주용 외에 신호를 알리는 용도로 이용되었다. 옛날의 군대에서 전진할 때는 북을 쳤고 퇴각할 때는 나팔을 불었다고 한다. 승전을 알릴 때도 힘차게 북을 쳤다. 홍의 장군께서 북을 치며 의병을 모으고 훈련을 시킨 것도 승전을 바라는 간절함이었는지 모른다.

왜군이 조총을 들고 쳐들어왔는데 가족은 물론, 고을의 백성과 기름진 우리 땅을 지켜줄 임금님도 군관도 속수무책이니 이 일을 어찌할까. 다급한 마음에 더욱 세게 북을 쳤으리라. 아무리 힘껏 북을 쳐도 모여든 이는 겨우 십여 명의 노비들이었다니 애타는 심정이 느티나무에도 서렸을 터이다.

　북은 태초의 소리다. 북소리는 하늘의 소리라는 의식이 강하다. 불교의 법고도 중생의 번뇌를 물리치고 해탈을 기원하는 북의 소리다. 땅 위의 모든 중생을 계도하기 위한 법고는 예불 시간에 가장 먼저 울린다. 신문고는 억울한 사정을 호소하는 백성이 치는 북이었다. 옛날에는 죄인에게 참수형을 집행하기 전에 북을 쳐서 생명을 준 하늘에 고하고 백성에게도 경각심을 일깨워 주는 일이 간혹 있었다고 한다.

　역사는 되풀이되고 있다. 머리 위에 핵을 이고 있는 불안한 안보 속에서 총성 없는 경제 전쟁이 더욱 치열한 오늘날이 아닌가. 풍전등화 같은 난국이 그때나 지금이나 크게 다를 바 없는 것 같다. 반인륜적인 범죄는 날이 갈수록 심해지고 있다. 집권층의 잦은 비리 앞에서 선량한 국민은 좌절하고 일자리를 찾지 못하는 젊은이들은 희망을 잃어 가고 있다. 점점 무디어져 가는 정의와 사라져 가는 인정의 회복을 위해 과연 누가 나서서 현고수에 북을 걸고 자정의 북소리를 울리겠는가. 사리사욕에 눈이 멀고 같은 편끼리의 귀먹은 위정자들에게 경각심을 일깨워 줄 북소리를 지금 다시 듣고 싶다.

순수한 영혼을 일깨우는 북소리가 간절히 그립다. 하늘도 무서워할 줄 모르는 인간들에게 북소리인들 들릴까마는. 남이 하면 죄인 것을 자신은 죄가 아닌 줄 알고 버젓이 행하는 무디어진 양심을 조금이라도 깨트릴 수 있을까. 자기 것을 지키려고 온갖 편법을 총동원하는 작금의 고위관리를 반상의 계급을 떠나 모든 것 내려놓고 자신의 것을 풀어서 의병을 모은 홍의 장군의 현고수 앞에 세우고 싶다. 스스로 현고수에 북을 걸고 의병을 일으켜 세운 홍의 장군의 충의가 서린 북소리를 들려주고 싶다.

코로나 바이러스가 지구촌을 뒤흔들고 있다. 한 번도 경험해 보지 못한 세상이 되고 말았다. 잃어버린 일상을 그리워하며 마스크로 코와 입을 꼭 막고 변형된 일상에 적응하고 있지만, 끝을 알 수 없는 전쟁에 불안감은 고조되고 있다. 백신과 치료제 개발에 혈안이 되어 있는 인간에게 바이러스는 한발 앞서서 변종으로 위협하고 있다. 하늘이 내려준 홍의 장군의 지략과 전술이 그 어느 때보다 지금 절실히 필요한 까닭이다.

현고수 앞에서 맑은 하늘 높게 퍼지는 북소리를 듣고 싶어 눈을 감는다. 의병은 나가서 싸울 뿐 그 공은 논하지 않는다고 하신 겸손함을 영혼의 북소리와 함께 되새겨 본다. 지금 다시 둥둥 북을 치며 힘을 돋우는 영혼의 북소리가 울린다면 의병처럼 나서서 싸우는 의료진들과 온 국민이 힘을 모아 바이러스와의 전쟁을 이겨낼 수 있을 것 같다. 코로나 바이러스는 물론 어떤 역병도 이겨낼 지혜를 주실 것 같다. 영혼의 북소리를 둥둥 울려주시길 빌며 현고수 앞에서 두 손을 모은다. 그 옛날 더 어려운 상황에서도 당당하게 극복해내셨는데 못할 것이 있겠는가. 희망을 품는다. 시공을 건너 아련히 울려 퍼지는 승리의 북소리가 들리는 듯하다.

때죽나무꽃

 별은 하늘에만 있지 않다. 붉은 황톳길에 하얀 별이 총총히 박혔다. 이 꽃별이 어디서 왔을까. 고개 들어 투명한 신록의 나무이파리를 본다. 밤하늘의 별 같은 하얀 꽃이 일제히 아래를 향해 매달렸다. 내 눈과 마주친 저 꽃별은 얼마나 오랜 시간 달려온 사랑의 결정체일까. 향기를 품은 바람이 살랑살랑 잔물결처럼 숲을 가른다. 녹음이 우거지는 유월의 숲으로 건너가는 세월의 경계에서 하얀 미소로 반짝거리는 별이 수북하다. 찰진 오월의 초록 바다에 밤하늘의 은하수가 흐르고 있다.
 순결한 오월의 숲에 때죽나무꽃이 한창이다. 이맘때의 숲은 은은한 꽃향기를 앞세우고 초록 물결이 파도처럼 부풀어 오른다. 때죽나무꽃은 아카시아의 꽃과 향기에 가려져 한 발 뒤에 서는 꽃이다. 멀리서도 잘 보이는 아카시아꽃과는 달리 나뭇잎에 가려진 채 올려보아야 보이는 얌전한 꽃이다. 보일 듯 말 듯 은근한 매력을 품고 피어나는 때죽나무꽃이 있어 오월의 숲은 더욱 매력적이다. 높은 나뭇가지에서보다 바닥에 떨어져 더 선명하게 보이는 꽃이기도 하다. 이른 봄날에 동백이 그러하듯 바닥으로 내려앉아 더 관심을 끈다.

꽃을 싫어하는 이 있으랴만 유난히 꽃을 좋아한다. 특히 이른 봄날에 피어나는 야생화는 작을수록 애틋하여 더 좋아한다. 덤불 속에서 피어난 작고 가냘픈 야생화가 얼마나 기특한가. 손녀를 보는 듯 예뻐서 걸음을 멈추고 만다. 꽁꽁 얼어붙은 땅속에서 고 작은 몸으로 추운 겨울을 이겨낸 생명력 앞에 엄숙해지기도 한다. 때죽나무꽃도 높은 곳에 매달린 야생화와 다를 바 없다. 얼른 눈에 띄지 않아 고개 들어 자세히 봐야 보이는 꽃이니까. 야생화를 반기듯 때죽나무꽃을 유난히 좋아한다.

온실 속에서 철모르고 피어나는 꽃이 대세다. 인간의 손에서 마음대로 교접되어 태어난 색깔과 모양이 특이한 꽃이 예식장과 행사장에서 언제나 주연이다. 별종으로 태어난 꽃들이 눈길을 끌고 예쁘지만, 그 영광은 잠시다. 그들은 화려한 의상을 차려입고 한바탕 사랑을 받고 사라지는 무대 위의 배우 같은 꽃들일 뿐이다. 그에 비해 때죽나무꽃은 조작되거나 변형되지 않은 상태로 가장 순수하게 피어나는 숲속의 하얀 별이다. 초록의 숲에는 역시 흰 꽃이 제격이다. 분홍 옷고름으로 포인트를 준 흰 저고리와 녹색 치마의 한복을 즐겨 입는 이유다.

때죽나무의 이름을 두고 소문이 낭자하다. 안식향을 산출한다는 뜻의 그리스어에서 유래한 이름이라는데 우리말 '때죽나무'라는 이름이 붙여진 이유가 재미있다. 열매와 잎에는 에고사포닌 성분이 들어 있어 작은 동물을 마취시킬 수 있다고 한다. 열매나 잎을 찧어 물에 풀면 일순간 고기들이 기절하여 떼로 물 위로 떠 오른단다. 물고기들을 기절시켜 손쉽게 잡아 올린 생활의 지혜가 재미있기도 하다. 옛사람들이 이런 지식을 어찌 알았을까. 소박하고 나약한 꽃 뒤에 보호 본능의 물질을 잎과 줄기에 감추고 있던 때죽나무의 반전이 아닐 수 없다.

때가 죽죽 빠진다고 때죽나무라고 불렀다고 한다. 근거가 불확실한 이야기인데 은근슬쩍 솔깃해진다. 산사에서 커다란 물통에 빨래를 담가 초벌 빨래를 할 때 때죽나무 줄기나 잎을 문질러 함께 담가두었다고 한다. 물고기를 기절시킨 물질이 때를 제거하는 효과도 있었나 보다. 세탁세제가 넘치는 요즘에는 관심도 없는 일이지만 비누가 없었던 시절에는 생활의 지혜가 아니었을까. 열매에 기름 성분이 풍부하여 동백나무가 자라지 않는 지방에서 동백기름 대신으로 사용하였다니 때죽나무가 가까운 산야에 많이 심어진 이유를 알 것 같다.

꽃마다 품고 있는 꽃말도 꽃처럼 신기하다. 때죽나무꽃의 꽃말은 '겸손'이다. 사람들이 애칭으로 별명을 지어 부르듯 꽃을 사랑하는 마음으로 꽃말을 지어 불렀는지 모른다. 꽃의 생김새와 특징, 색깔에 맞춰 붙여진 꽃말을 찾는 것도 꽃 이름을 알아가는 것 못지않게 즐겁다. 때죽나무에 이름이 붙여진 사연에 반전의 재미가 있다면 꽃말이 붙여진 데는 부연 설명이 필요 없다. 왜 '겸손'이라는 꽃말을 얻게 되었는지 보기만 봐도 바로 알아차린다. 순백의 하얀 꽃들이 일제히 아래를 향하여 피어있으니까. 아래를 향하여 일제히 고개 숙이고 피어있는 모습에서 저절로 겸손이라는 꽃말이 생겨났으리라.

때죽나무꽃이 한창인 오월의 숲은 새 생명의 환희가 출렁이는 바다다. 밤하늘의 잔별이 무슨 사연으로 초록빛 바다로 날아들었을까. 별을 보듯 때죽나무 하얀 꽃길을 걷다 보면 몸도 마음도 상쾌해진다. 저절로 내 안의 찌꺼기가 빠져나가고 초록빛 맑은 수액이 흐르는 듯 나뭇잎처럼 가벼워진다. 내 안의 오염된 생각과 불순한 욕망을 씻어내고 싶어 때죽나무 꽃길을 더 즐겨 찾는지 모를 일이다. 붉은 황톳길에 총총히 박힌 하얀 꽃별을 밟는 날은 겸손해지라는 죽비소리를 듣는 수행의 날이다. 때죽나무꽃 향기 은은한 숲속을 걸으면서 나를 씻는다.

작은 꽃으로도 충분하지 않은가. 눈에 띄게 화려하고 유난스러운 꽃이 아니어도 어디서든 제자리에서 꾸밈없이 활짝 웃는 작은 꽃에 더욱 애정의 눈길이 간다. 사람과 사람이 어우러져 사는 세상에도 작은 사랑 한 줌이면 충분할 텐데. 더 큰 뭔가를 찾아서 바둥거리는 인간이 땅에 떨어진 작은 꽃 한 송이만 못하다는 생각이 든다. 오월의 숲에 피어나는 때죽나무 작고 하얀 꽃이 세상을 움직이는 거대한 힘이라는 것을 깨닫는 날이 언제일까. 별을 사랑하는 마음으로 때죽나무꽃을 사랑한다. 작고 미미한 존재이지만 옹골차게 제 몫을 다하는 존재이기를 바라는 소망의 꽃이다.

3부

수제비 한 그릇의 행복

수제비 한 그릇의 행복·103 추억의 이지트·106
스브래칭으로 그리는 여름·110 빨간 우체통·114 매미의 울음소리·118
도시락의 추억·122 나도 모르게·126 주집이 풍년·130
수고했어, 나의 오십 세·134

수제비 한 그릇의 행복

 등 굽은 셰프의 손놀림이 예사롭지 않다. 일정한 굵기의 칼국수 가락은 한석봉 어머니 수준이다. 쟁반 뚜껑을 열면 김이 무럭무럭 솟는 커다란 알루미늄 솥 두 개를 빙빙 돌며 익숙한 손놀림이 이어진다. 증기기관차에서 내뿜는 연기처럼 꺼지지 않는 힘으로 하루를 이어간다. 왼쪽은 끓는 물, 오른쪽은 줄을 서게 하는 비법의 육수다. 뭉툭한 손으로 썬 칼국수는 저울이 필요 없다. 탈탈 털어서 끓는 물에 넣었다가 찬물로 헹구어 준비한 그릇에 정확하게 나누어 담는다. 눈 감고도 할 것 같은 동작이다. 푸짐한 양념과 육수를 끼얹어 손님 앞으로 가기까지 몇 분이면 끝이다.
 허연 밀가루를 덮어쓴 메뉴판의 가격표가 부분 수정되더니 최근에는 산뜻하게 바뀌었다. 뿌리 깊은 나무도 태풍에 쓰러지듯, 물가 인상의 폭풍을 피할 수 없는 현실 앞에서 시장 밥집의 푸짐한 인심도 휘청거린다. 그래도 커피 한 잔 값보다 싼 칼국수 한 그릇이면 이마에 땀을 닦으며 맛있게 먹을 수 있다. 주메뉴는 칼국수지만 우리의 주메뉴는 감자수제비다. 바쁜 점심시간에 대량생산이 손쉬운 칼국수를 마다하고 굳이 감자수제비를 청하는 성가신 단골손님이다. 무표정한 얼굴에도 싫지 않은 환영의 눈빛을 읽는다. 좁고 긴 의자에 걸터앉아 마법처럼 만들어져 나오는 음식과 들고나는 손님을 보는 맛도 구수하다. 전통시장 특유의 주차난 때문에 고충이 있지만, 감자수제비 한 그릇을 위해서 줄을 선다.

오랜 역사와 전통을 자랑하는 동래시장이다. 대형 슈퍼마켓이 근처에 생기기 전에는 그 세력이 대단했었다. 끊어질 듯 겨우 맥을 이어가는 전통시장이지만 동래시장은 그래도 현대화로 탈바꿈하여 살아남은 것이 얼마나 다행인지 모른다. 감자수제비로 배를 채우고 동래시장을 훑어서 장도 본다. 그곳에 가면 '우리 며느리요' 하며 일일이 소개해 주던 시어머님의 목소리가 아직도 생생하게 들린다. 제사 때면 필수적으로 거치는 생선 가게며 해산물 가게, 고깃집, 과일가게, 야채 가게, 전거리 가게, 잡화상까지 모르는 집이 없었다. 어머니에게서 딸이나 며느리에게로 세대교체의 물결이 조용히 흐르는데 아직도 어머님을 기억하는 가게가 있어 반갑기 그지없다.

시어머님을 기억하는 단골 가게들이 있어서 명절 장보기는 꼭 동래시장을 찾는다. 시어머님의 단골 가게들이 세월에 시들고 있어 안타깝다. 어느 날 찾아간 생선 가게는 검은 천을 덮어쓰고 있었다. 자식들의 만류에도 손을 놓지 못하시던 할머니가 시장에서 쓰러져서

병원으로 가셨단다. 주인이 돌아오지 않는 빈 가게는 영면에 든 듯 검은 침묵이 흐르고 있었다. 한동안 비어있던 생선 가게에 비교적 젊은 아줌마가 전을 펴고 있었다. 할머니 소식도 전해 들으면서 새로운 인연을 엮어간다.

 시장의 칼국수 집도 목이 좋아야 잘 되나 보다. 손님들이 줄을 서는 첫 집은 젊은 아들이 바톤 터치를 하고 있었다. 우리의 단골집인 두 번째 집은 적당히 바쁜 것 같은데 젊은 처자가 돕고 있었다. 가족인지 직원인지 아직 물어보지는 못했지만, 서서히 교체를 준비하는 것 같다. 더 들어가면 생선구이를 곁들인 밥집이 있다. 적은 돈으로 푸짐한 반찬과 밥을 배불리 먹을 수 있는 밥집들인데 듬성듬성 앉은 손님들 사이로 찬바람이 인다. 애용하는 고객도 늙어가는 전통시장의 밥집, 추억이 된 옛 영화를 그리워하는 모두에게 세월이 무겁기만 하다.

 고작 감자수제비 한 그릇 먹으려고 기어이 동래시장까지 가는 이유는 뭘까. 기다란 나무 의자의 비좁은 자리를 이리저리 밀치고 앉아서 먹는 감자수제비는 어려운 시절의 애환이 담긴 그리움이다. 값비싼 해운대 바다를 마시면서 먹는 브런치에 비하랴. 만 원 한 장으로도 둘이 행복해지는 감자수제비. 몸보신하듯 이마의 땀을 닦으면서 기분 좋게 먹는 수제비 한 그릇에는 어기차게 살아가는 삶이 쫀득쫀득 살아있다. 보약이 따로 없다. 칼국수와 감자수제비 한 그릇에 서민의 배는 따뜻하게 채워지고 있다. 동래시장 칼국수 집이 있는 그곳에 가면 언제나 배보다 가슴이 먼저 풍성해진다.

추억의 아지트

높고 넓은 대청마루가 무대였다. 바로 옆방이 준비실이었는데 그 방에서 족히 열 명은 넘었을 동네 아이들이 올망졸망 자기 차례를 기다리고 있었다. 마당에 멍석 깔고 앉은 동네 어르신들은 일 년에 한 번 공연되는 구경거리를 위해 기꺼이 박수로 응원해주셨다. 이름도 얼굴도 기억나지 않은 마을의 언니들이랑 꼬맹이였던 내가 '호랑이 엉덩이춤'이라는 작품을 공연했던 기억이 솔솔 피어난다. 나를 제일 앞에 안 세워 준다고 토라졌던 기억이 아직도 생생하다. 공연을 기획하고 가르치던 마을의 큰 언니가 따로 불러 토닥거리며 달래주던 모습도 아련하다.

바다로 이어지는 작은 도랑을 따라 조개껍데기 같은 작은 초가가 줄지어 엎드린 마을이었다. 넓은 마당과 대청마루가 있는 기와집은 마을에서 딱 하나 '한실할머니'댁 뿐이었다. '미나리깡'이라 불렀던

논을 돌아 양지바른 흙담을 따라가면 혼자 사는 '한실할머니'댁이 있었다. 대궐 같은 집에 어찌하여 아무런 가족도 없이 혼자 살며 왜 '한실할머니'인지 그때는 관심도 없었다. 그 집의 우물이 온 동네의 식수였기에 출렁거리는 물통을 이고 부지런히 넘나들 뿐이었다. 물때가 파릇파릇 서려 있던 우물가와 함께 우리 모두의 아지트였던 그 집과 '한실할머니'를 생각나게 하는 수필을 만났다.

  박희선 선생님의 '막걸리와 아지트'를 읽으며 추억 속에 꼭꼭 숨어 있던 유년의 아지트를 찾았다. 통영의 미륵도와 연결한 충무교가 놓이며 길 아래 동네로 갇혀버린 고향 동네였다. 착량묘를 지키는 아름드리나무의 그늘에 파묻힌 음산한 기운이 드리워진 마을이었다. 그나마 아지트에서 피어나는 아이들의 웃음소리가 동네의 음기를 막아주는 것 같았다. 한실이라는 마을에서 살다가 정신대에 끌려갔다 와서는 끝내 알 수 없었던 어떤 사연으로 혼자 외롭게 암과 투병을 하다가 세상을 떠나셨다는 소식을 어른이 되고 나서야 전해 들었다.
  박희선 선생님의 수필 '아지트와 막걸리'를 얼마나 많이 되풀이 읽었는지 모른다. '하늘엔 별이 그리움을 물고 총총히 떠 있다. 내 눈물을 받아먹던 별은 어느 깊숙한 아지트에 숨어 세상 이야기를 듣고 있을까.' 이 마지막 문장은 바로 나의 이야기였다. 아이 어른 할 것 없이 온 동네의 아지트였던 '한실할머니댁'이 눈물 섞인 그리움으로 반짝거린다. 온 동네 모두가 가난했던 시절, 마을 전체의 아이들은 한데 뭉쳐 가을걷이 끝난 논에서 동네가 떠나갈 듯 뛰어놀았다. 그 아지트로 우르르 몰려가면 언제나 공연의 연습실로 따뜻한 방을 내어주셨고 반갑게 맞아주시는 한실할머니가 계셨다.

아지트는 사람들이 자주 어울려 모이는 장소를 말한다. 아지트라면 뭔가 비합법적이고 비밀 조직원이나 범죄자의 은신처 같은 느낌이 든다. 하지만 나이 들수록 유년의 아지트가 더욱 그리워지는 이유는 뭘까. 그리움을 넘어 그런 아지트가 절실히 필요해지는 요즘이다. 아지트는 참 정다운 장소가 아닐 수 없다. 비밀을 공유하는 친근한 이들이 격의 없이 모이는 곳이니 얼마나 따뜻한 곳이겠는가. 술 냄새 사람 냄새 솔솔 묻어나는 아지트야말로 오늘날 절실히 필요한 곳이 아닐 수 없다.

우리 집도 한 때는 시어머님의 아지트였다. 아들 며느리 다 출근하고 나면 어머니 혼자 차지하는 넓은 집에 눈치 볼 사람 없고 햇볕이 잘 드니 저절로 아지트가 되었으리라. 퇴직 후에도 한동안 어머님의 아지트를 위해 나갈 거리를 만들어서라도 얼른 비켜 드려야 했다. 어머님도 친구분들도 모두 하늘나라로 아지트를 옮겨가신 지금은 서둘러 나가야 했던 번거로움도 그리움의 조각이 되었다. 아파트 양지바른 곳에 옹기종기 모여계시는 어르신들을 보면 아지트를 잃어버리고 다시 찾지 못하는 슬픔이 나의 것인 양 전해져 온다.

아지트가 사라지면서 사람 사는 동네가 사막이 되고 있다. 손안의 기기에 고개를 박고 가상의 현실을 넘나드는 사람들에게 시간도 공간도 아지트라는 단어는 존재하지 않는다. 함께 어울려 웃음도 슬픔도 공유하며 외롭지 않은 세월을 살아갈 진정한 아지트는 없을까. 시어머니를 모시고 살아온 마지막 세대로, 며느리를 향해서는 곱다시 숨죽이며 살아야 하는 날들을 밥도 술도 안 되는 문학을 안주 삼아 밤이 이슥하도록 신떨음을 하는 장소는 어디에 숨어있을까. 박희선 선생님의 수필 '아지트와 막걸리'는 몇 밤을 가슴 설레게 했던 유년의 특별한 설빔이다.

스크래칭으로 그리는 여름

 손녀와 같이 본 동화책이 긴 여운을 남긴다. 하얀 도화지에 각각의 화려한 크레용이 쓱쓱 그림을 그린다. 연두와 초록이 잎을 그리고 주황 분홍 빨강이 꽃을 그리고 갈색 고동색이 땅과 나무를 그리고 하늘색이 하늘의 구름을 그리고 노랑이 나비를 그리고 저마다 손잡고 나가서 신나게 그림을 그린다. 크레용들은 서로 질세라 마구 뒤엉켜 그림이 낙서가 되고 만다. 혼자 남은 검정은 쓸쓸하다. 그때 샤프 형이 검정에게 소곤소곤 귓속말을 한다. 검정은 머리가 다 닳도록 엉망이 된 그림을 덮는다. 샤프 형이 나서서 긁어내니 밤하늘의 불꽃이 되고 엉망이었던 그림은 멋진 그림으로 변한다. 12색 크레용은 비로소 모두 소중한 친구가 된다. 동화를 생각하면서 나의 여름에 드리워진 색을 들추어 본다.

파란색이 먼저 일어선다. 유년의 뜰이었던 바다는 늘 푸른 운동장이었다. 풍덩풍덩 자맥질에 해지는 줄 모르고 배고픔도 잊었던 바다의 푸른색은 그리움의 제일 밑바닥에 고여있다. 물속에서 얼마나 허우적거렸는지 오들오들 떨리면 입술이 보랏빛으로 물든다. 다시 뜨거운 갯바위에 엎드렸으니 보라색도 따라서 일어선다. 갈매기 날개에 실려 하늘을 날아오르는 상상을 하며 까닭 모를 하얀 눈물을 흘렸던 기억으로 하양도 일으켜 세운다.

뒷동산 포구나무에 연둣빛 새순이 돋으면 봄이 시작된다. 초록빛 작은 열매가 맺히고 매미울음 소리가 요란해질 때면 가만히 있어도 땀이 줄줄 흐르는 여름이 된다. 포구나무 사이로 시원한 바람이 출렁이면 숲은 진녹색의 그늘을 드리우고 동네 꼬마들을 부른다. 비바람 큰 바람이 지나고 나면 미처 여물지 못한 초록 열매가 후두둑 떨어져 잎과 함께 카페트처럼 깔린다. 기다렸다는 듯이 총알을 주워 전쟁놀이가 펼쳐진다. 비탈진 동산을 오르내리며 부지런히 초록 포구 열매 총알을 주워 우리 편 동네 오빠에게 전달하던 추억으로 연두와 초록이 일어선다.

재 너머 작은 우리 밭에 신기하게도 참외가 자라고 있었다. 일부러 모종을 심어 키우지는 않았다. 한 뼘이라도 더 보리나 곡식을 심어야 했으니까. 어쩌다 옮겨온 참외 씨가 싹을 틔우고 제법 줄기를 뻗자 어머니는 소담스레 흙을 돋우어주셨다. 새참을 이고 땀 흘리며 올라오는 작은 딸인 내게 노랗게 익은 참외 하나 따 주는 기쁨을 꿈꾸며 여름날 뙤약볕 아래에서 김매는 호미질을 멈추지 않으셨다. 잎으로 살짝 가려가면서 단맛을 들인 참외를 따서 건네주었던 달콤한 기억이 노란 햇살처럼 뭉클하게 들앉았다. 노랑도 호박꽃 주황도 따라서 일어선다.

신작로 콜타르가 녹을 만큼 뜨거웠던 한여름의 땡볕, 그 작렬하던 태양은 지금도 가슴에서 붉게 도사리고 있다. 대문 옆 붉은 칸나의 꽃잎에도 태양을 닮은 빨강이 내려와 있더니 이번에는 빨강이 일어선다. 여름 어느 날 아버지의 리어카에 실려온 수박의 빨갛게 익은 속살에서도 빨강 색 여름은 기웃거린다. 온 동네가 한 가족처럼 살던 작은 마을에서 작은 것 하나라도 나눠 먹는 동네 인심이었다. 귀한 수박을 사 와서 자식들 입에 넣기도 바쁜 판에 이웃집 눈이 얼마나 부담스러웠을까. 지푸라기로 듬성듬성 덮어서 싣고 온 수박 한 덩어리를 이웃집 눈을 피해 옹기종기 모여앉아 쩍 갈랐을 때 빨갛게 잘 익은 수박의 달콤한 속살이라니 지금도 달콤한 맛이 입에서 돈다. 흰 속살까지 벗겨 화채를 만들어 먹던 추억으로 일어서는 빨강 하양 검정 초록 온갖 여름의 색이다.

여름에 태어나서 그럴까. 어느 계절보다 여름을 더 많이 좋아한다. 태양의 시간이 길어서 살아있는 시간이 많아서 좋다는 이유를 내세우지만, 사실은 추운 겨울이 너무 싫었기 때문인지도 모른다. 변변한 외투도 없었고 난방 시설도 제대로 안 된 집에서 혹독한 겨울은 정말 견디기 힘든 계절이었다. 그래서 땀방울 줄줄 흘리도 푸른 바다에 풍덩 뛰어들면 되는 여름이 언제나 더 좋았다.

실컷 나의 여름 색을 들추어 이리저리 기억을 그려놓고 돌아보니 빛바랜 추억일 뿐이다. 기억의 저편에서 가물거리는 탈색된 그리움이다. 다시 검은색을 다 덮어서 뾰족한 철심으로 긁어낸다. 동화처럼 여기저기서 불꽃이 피어난다. 멋진 작품이 된다. 스크래치 기법으로 다시 그리는 나의 여름이다. 푸른 꿈, 하얀 눈물, 붉은 고통도 다시 아름다운 밑그림이 되어 반짝이는 오늘을 그린다.

빨간 우체통

택시를 세우는 목표물이다. 아파트 입구의 육교 앞 건널목 근처에 빨간 우체통이 서 있다. 거기에 우체통이 있는 줄 아는 사람이 있기나 할까. 편지를 넣거나 꺼내 가는 사람을 한 번도 본 적이 없다. 내가 보지 않을 때 누군가 아직도 이용하는 사람이 있는지 모르지만, 우두커니 서 있던 빨간 우체통이 어느 날 말을 건다. 전자메일과 휴대폰의 문자 메시지로 소통하는 이 시대에 골동품 수준으로 버티고 있는 거리의 우체통이지 않은가. '가을에 부칠 편지'라는 테마를 받고부터 무심히 지나치던 우체통에 서러운 눈길이 간다. 나는 가을날에 누구에게 편지를 부칠 것인가.

가을과 편지는 참 잘 어울린다. 이별의 계절인 가을에 허전한 마음을 낙엽에라도 몇 자 적어서 누군가에게 보내고 싶어지는 것이 가을의 향기가 아닐까. 단풍 곱게 물든 나뭇잎이 우수수 떨어지는 숲길을 걸을 때면 황홀한 가을의 향연에 취하여 탄성을 쏟으면서도 마음속 한쪽 구석에서는 왠지 모를 헛헛한 물줄기가 흘렀다. 가을 아니어도 서글퍼지는 일이 많아지는 요즘이다. 건망증은 날로 늘어나고 사지육신은 아픈 데가 속출하니 더욱 심란해진다. 별로 하는 일 없이 뻣뻣하게 서 있는 빨간 우체통과 점점 석화되어 가는 내 의식의 단면이 묘하게 겹쳐진다. 이 가을에 누구에게라도 편지를 써서 그 우체통에 넣어 주고 싶다.

인생의 봄날도 여름도 지나고 가을마저 꼬리를 흔든다. 하얀 치자꽃이 스치듯 지나갔다. 향기에 반해 코를 박은 지 며칠이나 되었다고 벌써 누렇게 시들고 있는가. 둥글게 전지된 덩어리 속에서도 화려한 꽃잎을 내밀던 연산홍도 재생 휴지처럼 누렇게 구겨지고 말았다. 그렇게 화려한 봄이 가고 여름과 함께 피어난 수국도 다시 이별을 고한다. 아픈 손가락 어루만지면서 혼자 서러워서 달맞이 고개를 휘감아 오르는 해무 같은 서러움에 젖는다. 이별의 계절 아니어도 내 마음에 구멍을 파는 것들이 곳곳에서 가을의 쓸쓸함을 미리 배달한다.

꽃 진다고 서러워하지 마라. 혼자만 지는 것이 아니다. 열매를 위한 화려한 몸짓, 그만하면 충분했어. 낙엽으로 내려앉는다고 서러워하지 마라. 낙엽은 삶을 위한 생존전략인 것을. 내년 봄 다시 뾰족한 생명을 열고 나오기 위한 위장술일지도 모른다. 낙엽 진다고 나무가 어디 죽던가. 육신의 껍질을 벗고 한발 앞서 떠난 이들을 두고 슬퍼하지 마라. 하늘의 구름에도 바람에도 나뭇잎에도 햇살에도 바다에도 산에도 그 어디서든 기억 속에 떠돌고 있을 테니까. 시들어가는 꽃잎에도 떨어지는 낙엽에도 위로의 편지를 써본다.

늙어간다는 원초적 서러움이 온몸에 들붙는다. 혼자만 늙어가는 것이 아니다. '울지마라 외로우니까 사람이다. 공연히 오지 않는 전화를 기다리지 마라. 산그림자도 외로워서 하루에 한 번씩 마을로 내려온다. 종소리도 외로워서 울려퍼진다'. 우리가 너무나 잘 알고 있는 시인 정호승의 '수선화'의 싯귀가 무질서하게 머릿속에서 맴돈다. 부모에게 잘하고 있는 자식의 별 뜻 없는 말 한마디에도 무단히 서운해지기도 한다. 문득 손녀가 부르는 동요의 가사가 예사롭지 않게 들린다. '어른들은 몰라요, 아무것도 몰라요. 장난감만 사 주면 그만인가요. 마음이 아파서 그러는 건데'라는 가사를 '자식들은 몰라요. 아무것도 몰라요. 용돈만 주면 그만인가요. 마음이 아파서 그러는 건데. 따뜻하게 감싸주세요.'라고 바꿔서 불러본다. 옛날 부모님이 '내 나이 되어 봐라'고 하시던 그 심정을 뼈저리게 공감한다. 나는 스스로 육신을 움직이지 못하시는 어머님의 손을 제대로 따뜻하게 잡아드린 적이 있었던가. 되돌아보는 눈길이 촉촉해진다.

가을은 감사의 계절이다. 곱게 물든 가을의 낙엽은 그래도 얼마나 축복인가. 한여름 모진 태풍에 초록 잎 생가지가 꺾여 무참히 스러지던 것에 비하면 말이다. 그래도 나무 둥치를 살찌우고 열매를 맺고 뿌리를 더 깊게 내리면서 한 생의 업무를 다 마치고 아름답게 물들어 떨어지는 잎이 아닌가. 너도 그렇고 나도 그렇다. 너무 슬퍼하지 마라. 외로워하지 마라. 돌고 도는 세상의 이치대로 오늘에 이르렀고 그것은 축복이고 감사인 게야. 아무에게도 무엇에도 작은 기대나 어떤 희망도 가질 필요 없이 그저 주어진 하루를 감사하게 묵묵히 살아내면 되는 것이다.

인생의 가을에 나는 나에게 편지를 쓴다. 그 빨간 우체통에 넣을 것이다. 역할이 끝난 우체통 안에서 누렇게 퇴색되어도 좋다. 지금 외롭고 서러운 내 마음을 빨간 우체통을 통해 누군가에게 전하고 싶을 뿐이다. 시골집 대문에 매달린 작은 우체통도 할 일 없기는 마찬가지다. 장식품처럼 붙어있을 뿐 이미 역할은 미미해졌다. 있으나 마나 하는 길가의 빨간 우체통이 사라져 가는 존재의 서글픔을 대변하면서 어떤 위로를 건넨다. 가을의 편지를 과연 빨간 우체통에 넣을지 그것은 누구도 모른다. 비가 오나 눈이 오나 바람이 부나 우직하게 서 있는 빨간 우체통처럼 나의 세월 속으로 굳건히 걸어갈 것이다.

매미의 울음소리

 뜨거워서 더욱 서러운 매미 울음소리다. 땡볕의 매미 울음소리는 더 이상 시원하지 않다. 바람 한 점 들지 않는 강의실에 매미 울음소리는 어쩜 그리도 맹렬하게 파고들던지. 지독한 더위에 지겨운 강의를 듣고 있자니 부글부글 끓는 압력밥솥의 추처럼 폭발 직전의 왕짜증이 매미 소리를 타고 기차 화통처럼 덮쳐왔다. 어느 때는 나른한 오후 수업에 멀어지는 기적 소리처럼 가뭇한 자장가로 다가왔다. 계절을 불문하고 내 귀에는 작열하는 매미의 울음소리가 환청처럼 들려온다. 유난히도 무더웠던 그 여름날의 일정(1급 정교사 자격 취득을 위한 강습) 강습의 날들이 떠오른다.
 40년 전의 매미 소리가 아직도 귀에 쟁쟁한 이유는 무엇일까. 1983년의 여름은 팔을 접으면 맨살에서 땀이 삐질삐질 흐르는 무더위였다. 매미보다 더 목놓아 울고 싶었다. 여름방학이 시작되기 열흘

전부터 시작되는 일정 강습은 돌잡이 어린 아들에게서 한여름 내내 엄마를 빼앗았다. 아장아장 걷는 아들과 제대로 눈도 한 번 맞추지 못하고 이른 아침에 집을 나섰다가 긴긴 해를 다 잡아먹고 저녁때가 되어 파김치가 되어 돌아왔다. 종일 아이와 씨름한 시어머님 앞에서는 죄인이 되었다. 과제 해결이라는 산을 넘고 시험이라는 강을 건너야 하는 강습이 얼마나 힘들었던지 이정(2급 정교사)과는 말도 걸지 않을 것이라 다짐했었다. 그 여름의 지독한 매미 울음소리에 눈물이 어린다.

그해 여름은 친정어머님에게도 그리움의 갈증만 던져주었다. 손자 한 번 안아볼 기대로 방학만 기다리셨던 친정어머님이셨는데 강습을 핑계로 겨울방학으로 밀려난 꿈이 되었다. 결국 그 뜨거운 여름을 끝으로 어머니는 하늘나라로 영원히 떠나시고 말았다. 강습의 효과일까. 세월의 강물은 역류도 기다림도 없다는 것을 서른이 되기도 전에 비교적 일찍 알아차렸다. 그리 멀지도 않은 통영에서 배 한 번 타고 버스 타면 되는 딸네인데 시집살이하는 딸에게 한 번의 나들이마저 힘이 드셨다. 바다를 훑어 하루하루를 살아가는 살림에 빈손으로 사돈댁 나들이가 마음만큼 쉬웠겠는가. 그 여름에 놓쳐버린 어머님의 건강 체크가 문제였다. 섬이 되어 외롭게 병마와 싸우고 있었던 어머님의 병환을 미처 파악하지 못한 딸의 돌이킬 수 없는 잘못이었다.

매미 소리 요란한 여름에 한이 맺혔을까, 겨울방학이 시작되는 날에 결국 딸과 외손자를 보지도 못하고 눈을 감으셨다. 칼바람 지독한 추위 속에서 진행되었던 어머님의 장례식에 뜨거운 여름날의 매미 울음소리가 악을 쓰고 가슴으로 파고들었다. 늘 바쁘다는 핑계로 어머님을 찾아뵙지 못했던 후회를 애먼 매미 소리에 퍼붓고 있었는지 모를 일이다. 소음공해가 심할수록 더욱 데시벨을 높이는 도시의 매미 울음소리다. 그 소리를 들을 때마다 후회와 그리움이 가슴을 난도질한다.

악을 바락바락 쓰며 울어대는 매미처럼 맹렬하게 일급 정교사가 되어 과연 훌륭한 교사가 되었던가. 정해진 코스대로 따라가는 거부할 수 없는 젊은 날의 한여름이었을 뿐이다. 여름의 태양을 흡수하여 튼실한 뿌리를 내리고 열매를 맺으며 대를 잇는 초목처럼 뜨거웠던 한여름의 강습으로 나는 얼마나 알찬 열매를 맺었을까. 강습이 아무리 힘들었어도 그해 여름 한 번이라도 친정어머니를 뵈었더라면 이렇게 허무하지는 않으련만. 자지러질 듯 울어대던 매미처럼 애타게 자식의 손길을 기다렸을 어머니를 생각하면 가슴이 먹먹해진다. 결국에는 중도에서 포기하고 홀연히 떠나온 교단이 아닌가. 어머니도 떠나보내고 헛발질만 한 꼴이다. 매미가 벗어 던진 허물보다 못한 껍데기뿐인 딸이었다.

여름을 건너 가을의 끝자락에 섰다. 추억도 시들고 많은 것이 하얗게 변해버린 날들이다. 콩나물 시루에 물을 주면 물은 밑으로 다 흘러내려도 콩나물은 자란다던 교수님의 말씀을 지금도 기억한다. 비록 반쯤 감긴 눈으로 얼렁뚱땅 강의를 들어도 아무것도 하지 않는 것보다는 낫다고 하셨다. 뭔가를 배우고 도전하는 삶의 소중함을 강조하셨으리라. 멈추면 추락하는 공 위의 여자처럼 숨이 턱에 닿도록 헉헉

거리며 달려온 세월이다. 아무리 발을 굴려도 그 여름은 다시 오지 않고 그리운 어머님은 꿈에서도 뵐 수가 없는데 나는 무엇을 위해 지금도 공 위에서 헐레벌떡 달리고 있을까. 그냥 내려오면 될 것을. 매미의 울음소리는 젊은 날의 갈증이고 그리움이다.

도시락의 추억

 기다리던 점심시간이다. 짧은 단발머리에 까만 교복을 입은 여중생들이 수다를 떨면서 도시락을 꺼낸다. 모서리가 닳아서 조금 찌그러진 노란 양은 도시락은 이미 온기를 잃었다. 통영은 따뜻한 남쪽지방이라고 겨울이 되어도 교실에 난로가 없었다. 아무리 기억을 헤집어 봐도 난롯가에 양은 도시락을 포개어 놓고 도시락을 구워 먹으려고 애썼던 적이 없으니까. 도시락을 싼 허접한 손수건에 벌건 물이 배어들었다. 나의 단골 반찬인 김칫국물이 식은 보리밥 위에 그림을 그려놓은 도시락 뚜껑을 조용히 연다.
 여학생용이라고 약간 타원형 모양에 꽃 그림이 그려져 있는 양은 도시락이었다. 겉모양이 비슷한 도시락이지만 내용은 달랐다. 쌀밥이냐 보리밥이냐 정도로 빈부의 격차를 조금씩 알아차릴 때였다. 조금 더 잘 살고 못 살고의 기준은 도시락의 달걀 반찬이었다. 달걀이나 분홍 소세지 같은 맛있는 반찬을 해 오는 부자 친구는 부러움의 대상이었다. 눈으로만 훔쳐볼 뿐 손을 뻗어 한 젓가락 얻어먹을 용기도 없었다. 부끄럽기도 하고 자존심도 상하여 돌아앉아 혼자 먹기 예사였다.

중학교 삼 학년 때였다. 와자지껄한 소리와 함께 친구들의 관심이 한 곳으로 쏠렸다. 나의 눈길도 힐끗 따라갔다. 김이 모락모락 나는 하얀 쌀밥에 김치와 바삭한 김을 얹어 입으로 쏙 넣는 순간이 내게 포착되었다. 검은 밥통 안으로 숟가락을 넣더니 김이 나는 하얀 밥을 퍼 올렸다. 처음 보는 친구의 보온밥통이었다. 따끈한 쌀밥에 김치를 얹어 맛나게 먹는 순간이 슬로비디오로 나의 뇌리에 각인 되었다. 입을 오물오물 움직이며 맛나게 먹던 친구가 얼마나 부러웠는지 모른다. 따끈한 쌀밥에 생김치와 김을 곁들인 식사를 할 수 있다면 영혼이라도 팔 기세로 멍하니 쳐다보았다. 얼마나 맛있을까. 나도 먹어보고 싶었다. 중학생이 되고부터는 아침은 굶어도 점심 도시락은 꽁보리밥이나마 꼭 챙겨 주신 어머님이셨다. 숨기고 싶은 가난의 서러움으로 꽁보리 찬밥을 꿀꺽 삼켰다.

세상은 넓고 맛있는 것은 많다. 활발해진 물적 인적 자원의 국제 교류로 음식 문화는 빠르게 세계화를 이루고 있다. 외국에 나가지 않아도 세계 각국의 요리를 즐길 수 있는 정보화 시대에 살고 있지 않은가. 세상천지에 맛있는 먹거리와 음식이 아무리 많아도, 세상 어떤 맛난 음식도 다 소용없는 나의 소울 푸드는 따끈한 흰밥에 갓 버무린 생김치다. 중학교 때 처음 알게 된 보온밥통, 물론 고등학교를 졸업할 때까지 한 번도 가져본 적은 없지만 내 의식의 유리창에 홀로그램처럼 나타나는 그 장면이 평생을 따라다닌다. 애써 지우려고도 하지 않지만 절대로 지워지지 않는 그 장면과 함께 촌스럽기 짝이 없는 나의 소울 푸드가 된 것을 어찌하랴.

고향 통영의 산과 바다가 밥이 되고 반찬이 되어 나를 키웠다. 바닷가에 흔한 잔챙이 생선으로 만든 젓갈류를 유난히 좋아한다. 그 젓갈 냄새 물씬 풍기는 갓 버무린 생김치가 어찌나 맛난지, 다이어트 결심도 작심삼일로 끝나게 만드는 주범이다. 고구마 줄거리 김치, 파김치, 열무김치, 온갖 김치 앞에서 나의 식욕은 브레이크 고장 난 자동차가 된다. 갓 지은 따끈한 쌀밥과 갓 버무린 생김치 앞에 나의 식욕은 통제 불능이 된다. 건강에 좋다고 보리밥을 권하지만 어떤 김치와도 잘 어울리는 하얀 쌀밥이 최고다. 보리밥에 질려서 잡곡밥과 보리밥은 쳐다보기도 싫은데 하얀 쌀밥과 어우러진 김치는 종류를 불문하고 어떤 것도 질리지 않는 까닭은 무엇일까. 정통 한국인의 입이라고 자긍심을 갖는다.

우리 음식이 'K-푸드'로 세계인의 입맛을 사로잡고 있다. 가장 한국적인 맛이 가장 세계적인 맛이라 일컫는다. 나의 촌스러운 소울 푸드인 흰 쌀밥과 김치가 어느새 글로벌 음식이 된 게다. 살다 보니 눈물 어린 고향이나마 고향이 있어서 좋고, 촌스러운 소울 푸드인 김치가 가장 한국적인 대표 음식으로 손꼽히니 그 또한 기분 좋은 일이 아닐 수 없다. 엄마의 도시락이 사라진 요즘이다. 학교 급식의 정착으로 성장기 학생들에게 따뜻하고 영양가 좋은 점심을 먹이니 얼마나 바람직한가. 초등학교에 입학한 손녀가 급식 먹는 재미로 학교 간다고 해서 우습기도 했지만, 도시락과 엄마의 정이 연결되는 추억거리가 없어지는 것 같아 아쉽기도 하다. 도시락의 추억 속에서 맛있는 것 제대로 대접해 드리지 못하고 떠나보낸 그리운 어머니를 눈물로 만난다.

나도 모르게

　정확하게 20년 전이다. 딸이 입시를 마치자마자 얼굴 성형을 하고 싶다고 졸랐다. 성형은 연예인만 하는 줄 알았던 터라 깜짝 놀랄 수밖에. '고3병'으로 온몸이 풍선처럼 부풀어 올랐으니 통통 부어오른 껍질을 벗어던지고 싶은 마음이 왜 들지 않았겠는가. 손으로 양 볼에 V라인을 그어 보이며 턱을 깎고 싶다는 말을 너무나 쉽게 내뱉는 것이 더 충격이었다. 뼈를 깎는 고통이 뭔지 알기나 하는지 기가 찰 노릇이었다. 한 번도 경험해 보지 못한 뼈를 깎는 고통과 예뻐지고 싶은 마음의 간절함 사이에서 후자에 크게 입을 벌린 부등호였다. 결국 딸을 이기지 못하고 아는 언니의 남편이 하는 성형외과의 문을 조심스럽게 열었다.
　천만다행이었다. 딸을 잘 설득한 의사 선생님 덕분에 딸의 충동적인 성형 욕구는 잠잠해졌다. 살을 조금만 빼면 굳이 뼈를 깎지 않아도 예쁜 턱선을 되살릴 수 있다고 딸을 설득한 의사 선생님의 시선이 내게로 왔다. 처지는 볼살을 사십 대에 손을 봐두면 나중에 좋다고 슬쩍 던지는 말에 마음이 흔들렸다. 수면 아래로 가라앉아있던 미에 집착하는 여성의 본능에 돌을 던진 것이다. 파문이 심장을 흔들었다. 상점에 들렸다가 하나도 안 사고 나올 때의 무안함이랄까. 그냥 나오기 뭣해 뭔가를 하나 사 들고 나오는 심정으로 나도 모르게 고개를 끄덕였다.

딸 때문에 찾아간 성형외과에서 졸지에 내 얼굴이 표적이 되었다. 예뻐지고 싶은 마음이야 늙어도 여자라면 누구나 가지는 마음이지만 얼굴에 칼을 댄다는 것은 상상할 수 없는 일이었다. 간호사가 안내하는 대로 졸졸 따라가서 수술대에 누운 여인은 과연 누구였을까. 마법의 피리 소리에 끌려가는 동화 속의 아이처럼 무엇에 홀려버렸다. 지금 생각해도 무슨 심정으로 수술대에 올랐는지 도무지 이해가 안 되는 돌발적인 행동이었다.

나도 모르게 내가 한 짓에 영화 '페이스 오프'가 자꾸만 겹쳐졌다. 얼굴의 껍데기를 벗기고 다른 얼굴을 덮어쓰는 것과 대동소이한 행위였으니까. 표피를 들추어 늘어진 부분만큼 잘라내고 잡아당겨서 귀 앞의 살과 기워서 잇는 것이 기본적인 그림이었다. 부분 마취를 한 탓에 가위질 소리가 적나라하게 들렸다. 내 얼굴의 표피를 걷어 올려 가위로 서걱서걱 자르는 소리, 지금도 선명하고 징그럽게 들린다. 얼떨결에 자행한 끔찍한 만행의 결과가 마취가 풀리면서 지독한 통증으로 되돌아왔다. 생살을 들쑤셔 칼질과 바느질을 해댔으니 얼마나 아팠겠는가. 붕대를 감고 마스크를 쓰고 한동안 두문불출하면서 고통을 참고 피명을 삭혔다.

아무도 모르게 감쪽같이 해치운 일인 줄 알았는데 후유증이 꼬리를 잡았다. 볼품없게 변한 귓불이 문제였다. 두툼했던 귓불이 거의 다 파묻혀버리고 뾰족하게 변했다. 아는 언니라 체면상 잘못된 부분을 수정해 달라고 할 수도 없는 노릇이었다. 아무리 손으로 잡아당겨도 소용이 없었다. 하나를 얻으면 하나를 잃을 수도 있다는 말이 여기서도 적용될 줄이야. 그때부터 못난 귓불을 커버하기 위해 줄기차게 귀걸이를 하기 시작했다. 귀 뒤로 남아있던 불그레한 흉터를 미용사는 알아채고 말을 했지만, 감히 내가 그렇게 성형을 하리라고는 전혀 생각하지 못한 친구들은 아무도 눈치를 채지 못했다. 말하자면 완전범죄를 저지른 셈이다. 지금 또래보다 얼굴의 주름이 적고 팽팽하다고 부러운 듯 말하는 친구들 앞에서 속으로 쾌재를 부른다. 하지만 세월은 역행하지 않는다. 또 다른 곳에서 주름이 생겨나니 얼굴에 손대지 않은 친구나 결국에는 오십보백보다.

칠순이 코 앞인 이 나이에도 눈이 처지니까 또 슬그머니 성형의 유혹이 인다. 하는 김에 이마를 끌어 올리는 수술도 한꺼번에 하자고 권했던 게 생각난다. 그때 할 걸 그랬나 중얼거리며 처진 눈두덩을 위로 밀어 올렸다 내렸다 하면서 거울 앞에 자주 선다. 예뻐지고 싶은 여자의 마음은 무죄라고 했다. 예쁘면 모든 것이 용서된다는 말도 심심찮게 나돈다. 동물의 세계와는 반대로 동서고금을 막론하고 미에 대한 여성들의 갈망은 치열하였으리라 짐작한다. 예뻐지고 싶은 여성의 심리와 의술이 합쳐져 눈부신 성형의 발전을 가져온 듯, 거기에 나도 한 몫 거든 셈인가.

　목련의 낙화 앞에 섰다. 내면의 미에 미치지 못하는 외모 지상주의의 허무함을 본다. 늙어가는 자연적인 현상을 어찌 거스를 것인가. 어차피 한발 차이로 다 같이 늙어가는 세월이다. 뼈를 깎는 고통이 따르더라도 꼭 갖고 싶은 아름다움의 욕구도 한 때의 객기지 싶다. 나이 들어 좋은 게 있다면 바로 외모의 평준화가 아닐까. 아무리 주름을 펴고 주사를 맞고 살갗을 늘어뜨려도 결국에는 누렇게 변색되어 내려앉는 목련의 낙화가 될 것이다. 오직 건강 유지에만 관심이 쏠리는 오늘날, 비로소 털어놓는 서랍 속의 연서 같은 어제까지의 비밀이야기다.

주접이 풍년

허무하였다. 손가락으로 톡 누르니 순식간에 모든 것이 원점으로 돌아간다. 떨리는 듯 나도 모르게 입에서 튀어나오는 외마디 소리는 '일장춘몽'이었다. 그래 맞아 일장춘몽이야. 몇 번이고 나를 다독이며 위로한 말이다. 인생의 모든 부귀영화가 꿈처럼 덧없이 사라지는 것을 비유한 일장춘몽이라는 고사성어가 이토록 실감이 나다니 한참 동안 입에서 맴돈다. 땡전 한 푼 남김없이 모조리 다 팔아치웠다. 한 줄기 바람 같은 묘한 감정이 독주를 마신 듯 짜릿하게 목을 타고 넘는다.

인터넷 뱅킹으로 해외주식을 시작하면서 우쭐했다. 손에 든 작은 기계로 해외주식을 할 수 있다는 자부심에 가슴이 설렜다. 왠지 디지털 세상에 또래보다 앞서가는 선각자라도 된 듯 기분이 좋았다. 처음 계좌를 트고 시작을 할 때는 번거로워서 아들의 힘을 빌릴 수밖에 없었지만 조금씩 알아가면서 자신감도 생겼다. 수익률이 늘어날수록 재미가 쏠쏠했다. 적은 돈이라도 용돈이 생길 때마다 차곡차곡 희망의 꽃을 피웠다. 생산활동이 중단되고 유지에 의존하는 세월 속에서 수익이 생긴다는 것은 고목에서 꽃이 피어나는 소생의 기쁨이었다.

노탐이 풍년이다. 뭐니뭐니 해도 머니가 최고라는 우스갯소리가 예사롭지 않게 들린다. 세탁소에 옷을 맡기려다 난데없이 주머니에서 발견되는 지폐 한 장, 환한 미소와 기쁨은 돈으로 계산이 어려울 지경이다. 공짜 같은 돈이 미소 짓게 하는 요즈음이다. 스마트 폰 사용법을 배워가며 공모주 청약에 끼어들기도 한다. 한 주라도 받아서 팔면 가볍게 점심값이나 찻값 정도는 벌 수 있다는 친구의 말에 귀를 쫑긋 세운다. 친구 따라 강남 가는 철새가 된다. 때마침 불어닥친 해외주식의 호재에 신이 나서 눈만 뜨면 휴대폰으로 해외주식부터 확인하는 버릇이 생겼다.

원금의 두 배 가까운 수익률이 되자 가슴이 뛰었다. 수익금으로 뭘 할지 생각만 해도 즐거워서 웃음을 실실 흘리고 다녔다. 적은 돈이지만 수익률의 크기가 그렇게 기쁠 수가 없었다. 없었던 돈이었으니 눈 딱 감고 이걸 할까 저걸 할까. 사그라진 줄 알았던 쇼핑 의욕이 솔솔 피어올랐다. 상상만으로도 즐겁고 하루하루가 신나고 생기가 돌았다. 목표 수익률에 도달하면 일단 멈추고 돈맛을 좀 보고 다시 들어가라는 조언이 귓등으로 들릴 수밖에. 작은 용돈이라도 생기면 불을 보고 덤벼드는 불나방처럼 오히려 더 뛰어들었다.

아슬아슬한 널뛰기를 시작하자 불안해지기 시작했다. 오르락내리락하는 수준이 아니라 폭락으로 이어졌다. 계속하면 원금 손해도 생길 것 같았다. 감출 수 없는 주식의 초보자 증세가 나를 흔들기 시작했다. 어차피 해외주식은 멀리 보고 달리는 마라토너가 되어야 한다고 했으니까 일희일비하지 말자고 생각했다. 고수익일 때 그만하고 빠져나오라고 종용하던 남편의 조언이 잔소리로 들렸다. 다음에는 절대로 남편에게 비밀로 해야지 생각하면서도 순간적으로 손가락이 '톡' 전부 다 팔기를 누르고 말았다. 입에서는 일장춘몽이라는 말이 불쑥 튀어나온다.

일사천리로 진행이 되더니 다행히 원금 손해 없이 되돌아왔다. 주가가 하락할 때가 구매의 기회라고 여유 있으면 더 구매하라는 친구한테는 다 팔고 나왔다는 말을 결국 하지 못했다. 매매의 결정과 손익은 내 의지에 딸린 내 몫이었다. 나중에 다시 주가 폭등이라는 반전이 전개되면 후회할 것 같아 속으로는 갈등이 요동쳤지만 입을 꾹 다물었다. 그 뒤로 주가는 더욱 곤두박질하였다. 그때라도 빠져나온 것이 얼마나 다행이었는지 모른다. 안도의 숨을 쉬었다.

누구나 할 수 있는 일이지만 아무나 할 수 없는 게 주식 투자인 것 같다. 매입매도의 가장 적절한 시기는 신도 알 수 없다고 한다. 남의 성공 사례만 듣고 무작정 뛰어들었다가 실패한 사연도 많은데 기억하고 싶은 것만 기억하는 머리가 문제다. 남이 하니까 덩달아 따라가서 쉽게 수익을 올리려고 했던 어리석은 노탐을 어찌할까. 적은 돈이지만 사부작사부작 시작해서 보란 듯이 수익을 올려 으쓱해 보고 싶었는데 무슨 주접이었을까. 일장춘몽의 사자성어만 되새기며 꿈에서 깨어나고 말았다. 밥을 못 먹고 사는 것도 아닌데 참으로 주접이 풍년이다.

수고했어, 나의 오십 세

 미래가 아니라서 유감이다. 이미 과거 속에 앉은 나의 오십 세를 되돌아보는 것이 조금은 서럽다. 돌아갈 수 있다면 오십 세보다 조금 더 앞인 마흔 중반쯤으로 되돌아가고 싶을 뿐이다. 오십 세에는 되돌아가고 싶지 않은 내 인생의 가장 큰 굴곡과 반전이 펼쳐졌었다. 그러니까 내 나이 딱 오십, 만 나이 마흔아홉에 남의 일로만 여겼던 엄청난 사건이 남편을 넘어뜨리고 우리는 나락으로 곤두박질쳤다.
 2005년 육이오 전쟁 발발 이틀 전인 유월 이십삼일 퇴근하던 남편이 붉은 피를 토하며 엘리베이터 앞에서 쓰러졌다. 북의 남침이 아니라 위장에서 일어난 반란으로 남편은 속수무책으로 고꾸라졌다. 스트레스와 흡연이 주범이었다. 속이 쓰리다고 늘 병원에도 다니고 종합검진도 했는데 어째서 위암의 대대적인 침투가 포착이 되지 않았는지 도무지 알 수가 없다. 대포로 맞은 듯한 커다란 구멍 세 개가

위의 위아래 중간에 퍼져있어서 위를 통째로 들어내는 전절제 수술을 할 수밖에 없었다. 남편은 생살을 가르고 배에 커다란 지네를 새겼다.

눈물의 항암치료를 계속했다. 지독한 항암치료에 비하면 수술은 오히려 간단한 것이었다. 온몸으로 스며든 항암제는 암세포만 죽이지 않고 자라나는 모든 세포를 공격하니까 남편은 에프킬라 덮어쓴 파리처럼 비실거렸다. 항암제의 수준이 그때는 그랬다. 토악질하는 남편을 다그치고 어르기를 겨끔내기로 일으켜 세우기 위해 이를 악다물었다. 살기 위해 죽을 것 같은 항암치료를 거의 끝낼 무렵 더 큰 시련이 닥쳐왔다. 회사의 실권을 위임해 놓고 투병하는 사이에 믿었던 선배는 배신의 칼을 휘둘렀다. 너무나 많은 것을 잃고서야 세상에는 억울한 사연이 얼마나 많은지 알게 되었다. 남의 일로만 여겼던 세상 억울한 일들을 포용하게 되고 인생의 쓴맛을 오지게 맛보았다. 다시 살아난 목숨값으로 모든 것 포기하고 가장 낮은 자세로 섰을 때 비로소 고통 뒤에 주시는 신의 은총과 감사를 알게 되었다.

후회막급의 시간을 헤매었다. '지금 알고 있는 것을 그때도 알았더라면' 시인 류시화의 글귀를 수도 없이 되뇌었다. 언제나 미련이 지혜보다 앞서 온다는 것을 뼈저리게 실감하면서 잃어버린 십 년의 세월 속에 나의 오십 대를 보냈다. 시련은 삶을 더욱 단단하게 달구는 법. 육십 고개를 넘고 칠십을 바라보는 세월에 서고 보니 엎어져 허우적거린 시간도 모두가 소중한 삶이었음을 비로소 알 것 같다. 남편의 자리, 아빠의 자리를 지켜준 것만도 감사하다. 잃은 것이 있으면 얻는 것도 있는 게 세상살이의 법칙이 아닐까.

　오십이 아직 미래의 시간인 사십 대로 돌아갈 수 있다면 흔쾌히 돌아가겠다. 남편에 기대어 잃어버렸던 나의 꿈을 되찾아 성공 가도로 달려가고 싶다. 하지만, 오십 세가 미래에 있는 세월이라면 후회할 일을 하지 않아 만족한 생을 만끽할 수 있었을까. 스스로 자문해 본다. 만만찮은 생의 굴레에서 어쩌면 또 다른 모습의 고통과 맞닿았을지도 모를 일이다. 한치의 실패도 없는, 성공으로 직진만 한 삶의 끝에서 인생의 묘미를 제대로 맛보았겠는가. 숨통을 조여오는 고통도 담담하게 회상할 수 있는 요즈음은 회색빛 어두웠던 세월도 하얗게 탈색되고 무색의 일상을 걷고 있다. 굴곡진 세월의 고비를 넘어오면서 삶이 더욱 풍성해진 것 같아 감사하다.

　고통의 터널을 잘 통과해 온 나의 오십 세에게 칭찬해 주고 싶다. 육체의 고통과 정신적 고통을 한꺼번에 겪으며 짐승 같은 울음을 토했던 남편에게도 잘 참고 잘 이겨내 줘 고맙다고 토닥토닥 등 두드려 준다. 미리 대처하지 못했던 건강의 중요성을 절실하게 보여줬으니 자식들에게도 헛된 시간은 아닐 터이다. 위기가 닥쳤을 때 똘똘 뭉치는 가족의 힘도 간과할 수 없는 보배가 아니겠는가. 달면 삼키고 쓰면 뱉는 인간들의 군상도 속속들이 알게 되었으니 비싼 비용 치르며 인생 공부를 야무지게 한 셈이다. 한순간 꿈을 망각한 채 남편만 믿고 무턱대고 교단을 떠나와 대책 없이 놀다가 혼쭐이 났던 나의 오십 세, 철없는 세월을 살아내느라 정말 수고했어.

4부

그림자에 대하여

그림자에 대하여·139 나의 색깔·143 과일의 추억·147
새로움에 대하여·150 '올' 덕분에·154 찬란한 추위·157
덕분입니다·160 첫걸음·165 통역 장교·169

그림자에 대하여

　불빛이 아름다운 강변을 걷는다. 어느새 밤바람이 싸늘해졌다. 외투 앞지퍼를 목까지 끌어올리고 일상화된 마스크를 거부감 없이 착용한다. 강 건너 번영로를 질주하는 자동차 외는 움직임을 멈춘 사방이 조용하다. 사람들의 발길이 뜸해진 늦은 시간이라서 그런지 귀뚜라미 노랫소리가 또렷하게 들려온다. 검은 천에 수를 놓은 듯 어둠을 장식하는 현란한 불빛이 보석처럼 아름답다. 검은색 강물에 투영되는 가로등 불빛은 기다랗게 늘어져 마치 물속에 빛기둥을 세운 듯 환상적이다.
　일정한 간격으로 서 있는 가로등을 지나면서 나를 따라 오는 그림자를 만난다. 뚜렷한 모습으로 내 앞에 섰다가 어느새 희미하게 사라진다. 고개를 돌려 사라진 그림자를 찾으면 어느새 뒤에서 나를 따른다. 두 개의 그림자가 동시에 발목을 붙들고 서기도 한다. 가로등이

외등이 아니고 두 개의 등이다. 앞서거니 뒤서거니 왔다가 사라지고 또 나타나는 그림자와 장난하며 걸어가는 길이 심심하지 않다. 그림자에는 나타나지 않는 흐뭇한 미소를 입가에 달고 집으로 간다. 그림자 놀이하던 유년의 추억이 그림자처럼 따라온다.

그림자밟기 놀이는 지금 생각해도 숨이 찬다. 운동장 가운데에서 친구들과 그림자밟기 놀이를 할 때면 숨이 턱에 닿도록 뛰고 또 뛰었다. 건물의 그림자 속에서 내 그림자를 숨기고 숨을 고르고 쉬었다가 다시 내 그림자를 달고 남의 그림자를 밟으려고 뛰었다. 낮에는 그렇게 땡볕에서 그림자밟기 놀이를 했고 밤이면 손으로 그림자를 만드는 놀이를 했다. 엄마는 신기하게도 두 손으로 벽에 검은 나비도 만들고 오리도 만들고 멍멍 강아지도 만들면서 재미있는 이야기를 해 주시곤 하셨다. 하루 중 잠시라도 엄마를 차지할 수 있는 달콤한 시간이었다. 종일 고단한 일과를 마친 피곤한 어머니와 초저녁 한때의 짧은 행복이었다. 혼자서 내 그림자를 밟으며 밤길을 가는데 어머니 생각에 가슴이 싸늘해진다.

그림자를 보며 걷는데 문득 '그림자의 인격화'라는 말이 떠오른다. 스위스의 정신과 의사이자 분석심리학자로 유명한 칼 구스타프 융의 이론에 의하면 그림자는 무의식에 들어있는 자아의 어두운 면, 대개 의식이 부정하거나 외면하는 성격을 말한다고 한다.

무의식의 열등한 부분인 그림자를 의식의 세계로 불러내는 것이 '그림자의 인격화'란다. 수필 창작은 바로 '그림자의 인격화'를 이루어내는 가장 좋은 방법 중의 하나라는 설명과 함께 그림자라는 말을 인상 깊게 들었다. 오늘은 뇌리에서 맴도는 그림자라는 말을 발끝에 두고 걷는다.

내가 차단한 빛이 만든 그림자는 온통 검다. 끊임없이 심역에 출몰하여 나를 괴롭히는 나의 어둡고 칙칙한 내면의 그림자는 인정받고 싶은 욕망과 진정한 나를 숨기고 좋은 것만 드러내려는 위선과 남이 좋아하는 모습을 드러낸 가면을 쓰고 있는지 모른다. 학습한 이론대로 내 안의 그림자를 인격화시키기 위하여 열심히 수필을 쓰노라고 위로해 본다. 하지만 언제나 부족한 글솜씨로 제대로 해내지 못하는 것 같다. 그래서 지금 내가 밟고 있는 그림자가 더욱 검은 게 아닐까.

그림자도 숨는다. 커다란 그림자 안으로 들어가면 작은 그림자는 사라진다. 그림자밟기 놀이를 할 때 이미 학습된 오래된 지식이다. 세상의 법과 질서를 파괴하는 악의 무리가 지배하는 어둠의 세계는 커다란 그림자를 드리우고 있다. 그 속에 숨겨진 악의 잔뿌리들이 인간 본연의 존엄성을 짓밟고 있다. 그림자를 숨겨놓고 사람들은 자신이 저지르는 악의 형태를 보지 못한다. 빛이 가려져 그림자도 잃어버린 세상에 속해진 삶이 얼마나 많은가.

그림자는 빛이 있어야 존재한다. 빛이 있는 밝은 세상으로 나와야 비로소 내 그림자를 볼 수 있는 것이다. 내 그림자를 직시할 때 그림자로 덮어놓은 내면의 어두운 면을 걷어낼 수 있으리라. 빛을 머리 위에서 바로 받으면 그림자는 가장 작아진다. 내면의 어두운 그림자는 비스듬히 누워서 해결할 일이 아니다. 해결하고자 하는 군센 의지의 빛을 정수리로 쬐어야 동심의 맑은 그림자를 되찾을 수 있을 것이다. 악착같이 따라붙는 그림자다. 떼어낼 수 없는 그림자라면 동행할 수밖에 없는 일, 나의 그림자를 인정하고 더욱 겸손하게 살아가는 방법도 있으니까. 밤공기 싸늘한 강변을 걸어서 내 그림자와 발맞추어 집으로 간다.

나의 색깔

 꽃만 저마다 예쁜 색을 가지고 있는 것은 아니다. 사람도 개인마다 특유의 색을 가지고 있다. 꽃과 달리 겉으로 드러나지 않을 뿐이다. 글을 읽을 때 문체에서 작가의 색이 느껴지는 것처럼. 그리고 보면 사람의 색은 겉으로 보이는 외모나 옷이 아니라 말과 행동을 통해 드러나는 것 같다. 나의 색깔은 어떤 색일까. 남들이 인식하는 나의 색깔은 어떤 색인지 한 번씩 궁금해진다.
 나는 빨간 색을 좋아한다. 내가 좋아하는 색과 나에게서 느껴지는 색감은 같지 않을 수도 있다. 좋아하는데 무슨 이유가 있겠냐만 스스로 분석해보면 내 성격 탓이기도 하다. 나의 우유부단한 성격 탓에 더욱더 분명하고 강렬한 색을 좋아하는지 모른다. 내성적인 성격으로 밖으로 표출하지 못한 열정이 쌓여 핏빛 빨간색을 좋아하는 게 아닐까. 겉과 속이 다른 내숭쟁이라 할지 모를 일이다.

남미의 페루에서 잉카인들이 자연에서 얻어내는 천연의 색깔에 감탄했다. 민속 마을 친체로를 방문했었다. 두 볼이 발갛게 물든 전형적인 잉카의 후손인 아가씨들이 관광객을 상대로 천연 염색 시범을 보여주었다. 기후적으로 사방 천지에 선인장이 풍성하고 큰 고목처럼 자란다. 그 선인장에서 기생하는 작은 벌레를 손바닥에 뭉개니 너무나 고운 붉은 색이 터져 나온다. 너무 신기하여 입을 다물 수 없었다. 인공적으로 절대 만들 수 없을 것 같은 찐한 붉은색을 바탕으로 섞는 물질에 따라 여러 가지 색이 손바닥 위에서 펼쳐졌다. 비트색 보다 찐한 붉은색이 강렬하게 시신경을 타고 뇌리에 박힌다.

　보석 중에서 루비를 무척 좋아한다. 영롱한 빨간색 강옥인 루비도 비둘기 핏빛의 새빨간 색을 고가로 취급한다. 다이아몬드 다음으로 강도가 센 광석인 루비를 예부터 사람들은 부와 건강의 의미를 더해 귀하게 여겼다. 고 새빨간 보석이 땅속의 광석에 묻혀 생성되다니 정말 신기하다. 볼수록 신기하여 투명 무색의 다이아몬드보다 나는 루비를 더 좋아한다. 영롱하게 붉은 보석 루비를 좋아하니 내 안의 어디엔가 빨간색과 코드가 맞는 인자가 들앉았나 보다.

　redrose는 나의 메일 주소이다. 꽃의 여왕이라는 장미를 무척 좋아하기 때문에 생겨난 이름이다. 빨간 장미의 매혹적인 붉은 색이 이유 없이 좋다. 독기 머금은 가시를 품고 정열적인 삶을 살아가는 장미를 보면 따끔거리는 유년의 슬픔을 안고 살 수밖에 없는 나와 어떤 유대감이 생겨서 그럴 게다. 사계절 중 여름을 좋아하는 이유는 태양을 볼 수 있는 시간이 길기 때문이다. 그만큼 살아있는 시간이 많아지기도 하니까. 붉은 칸나의 새빨간 꽃잎도 태양이 뜨거운 한여름에 피지 않는가.

내 안에 축적된 모든 붉은 색으로 나는 더욱 열성적으로 살기를 원했다. 하지만 빨간색처럼 정열적으로 살고자 했던 것은 희망이었다. 천직으로 여기며 들어섰던 교직의 길도 중도에서 돌아섰고, 어정쩡한 부모 노릇으로 저들 알아서 잘 자라준 자식들 앞에서 늘 미안하고 고마운 마음을 갖는다. 열심히 살려고 노력했으나 돌이켜보면 헛점 투성이다. 그때 이렇게 할걸, 저렇게 할걸, 후회가 초저녁 그림자처럼 늘어진다.

열성적으로 살고자 했던 삶도 이제는 창호지 문살에 붙여놓은 마른 꽃잎처럼 빛을 잃어가고 있다. 좋아하는 빨간색도 퇴색이 되었다. 젊은 날의 뻣뻣한 풀기가 빠지면서 서서히 우런 붉은색이 좋아진다. 아련한 청춘의 날들에 빨간색을 풀어놓고 자연의 순리대로 색의 강도를 옅게 버무리며 그래도 남아있는 우런 붉은색이 은근히 마음에 든다. 혼자서 빨간색을 탐하여 나름대로 바둥거린 세월이지만 남들의 눈 속에 나는 무슨 색으로 그려질까. 여전히 궁금하지만 아마도 무색의 무미건조한 사람은 아닌지 모르겠다.

노인성 혈관 질환이 나에게도 발발했다. 세월의 찌꺼기가 핏속에 쌓여서 건강을 자만하던 나에게 옐로우 카드를 던졌다. 피를 맑게 해주고 체내 지방을 제거한다는 ABC쥬스에 귀가 솔깃해진다. 애플, 비트, 캐럿의 영문 첫 글자를 따서 붙여진 이름이다. 적당한 물과 섞어 갈아놓으니 예쁜 붉은색이 된다. 어쩌면 내 안에 빨간색 열정이 부족하여 그렇게 빨간색이 그리움이었는지 모를 일이다. 빨간색이 늘 부족했나 보다. 붉은 야채를 부지런히 갈아먹는다. 다시 붉은 열정을 뿜어내어 멋진 글 한 편이라도 건져 올릴 수 있으려나. 참 열심히 잘 살았다는 의미로 나의 색깔을 열정의 붉은 색으로 기억해준다면 좋겠다.

과일의 추억

　가게 진열대에서 온갖 과일이 릴레이를 한다. 과일은 언제나 계절을 앞서 달린다. 영농기술의 발전과 수입으로 계절과 관계없이 전 세계의 맛있는 과일을 수시로 먹을 수 있으니 얼마나 기쁜가. 풍성한 과일가게 앞을 지날 때마다 '우리나라 좋은 나라'를 속으로 노래한다. 내가 좋아하는 과일이 어쩜 저리도 계절마다 이어서 나오는지 밥보다 과일을 더 좋아하는 내게 정말 신나는 일이 아닐 수 없다.
　과일을 통한 과한 당분 섭취 때문에 브레이크가 걸려도 꺾을 수 없는 과일 사랑이다. 어릴 적 젖배를 곯은 아이가 애정결핍에 걸리듯 나의 유별난 과일 집착은 과일 고팠던 시절의 흔적인지 모른다. 자꾸만 옛날이 선명하게 되살아나는 요즈음, 과일에 대한 눈물겨운 추억이 봄날의 아지랑이처럼 피어난다. 그중 가장 아픈 추억 속의 과일이 살구다.

살구가 노랗게 익어갈 때쯤이면 보리 양식도 달랑거렸다. 보리개떡이 먹기 싫어서 굶고 학교에 갔다 오다가 대문 근처 살구나무 아래에서 쓰러졌다. 유일한 간식이었던 살구도 가지만 우리 집 쪽으로 뻗어있어서 마음대로 먹을 수도 없었다. 비바람이 세차게 몰아치던 밤이 지나고 나면 첫새벽부터 살구나무 밑으로 눈길이 달려간다. 빗물에 잠긴 단맛 빠진 살구 한 알이 눈에 들어오는 순간의 환희를 지금도 기억한다. 살구보다 맛있는 과일이 판을 치는 세상이니 살구는 내 추억 속에서 눈물로 포장된 귀한 과일로 남아있다.

내 고향은 과수원과는 거리가 먼 바닷가 마을이었다. 과일나무에 달린 과일은 살구와 감, 이웃집의 무화과가 고작이었다. 푸른 감을 주워 보리단지 안에 넣어 두고 뚜껑을 하루에 열두 번도 더 여닫으며 애태웠던 추억이 아련하다. 제사 때나 명절에 먹어보는 사과는 보기만 해도 신기했다. 귀했던 외제 양과자도 아닌 것이 달콤새콤 사각사각 얼마나 맛이 좋은지, 예쁘기도 한 빨간 사과를 아껴먹으며 음미했던 기억이 지금도 새콤하다.

내게 신기한 과일이었던 사과가 나무에 매달려있는 것을 드디어 보았다. 대구로 시집을 간 큰언니 집 근처의 사과 과수원에서 발길을 멈추었다. 주렁주렁 매달려있는 사과가 너무나 놀랍고 신기해서 넋을 놓고 보았다. 언니 덕분에 사과를 실컷 먹고는 겨우 초등학생이었던 내가 이다음에 죽으면 사과밭에 묻어달라는 소리를 했단다. 지금도 맛있는 사과를 먹을 때마다 충격적인 사과나무와의 첫 대면을 떠올리며 혼자 웃는다.

나의 유별난 과일 사랑은 아버지에게서 이어진 것 같다. 아버지는 리어카를 배 삼아 부두의 짐꾼으로 등허리가 휘어지도록 고생하셨다. 달콤하고 행복한 가정을 꿈꾸었지만 삶은 설익은 감처럼 텁텁하고 쓰디쓴 날들이었다. 한여름 어느 날, 골목 어귀에서부터 입가에 가득 미소를 지으며 리어카를 끌고 오셨다. 자식들 먹일 생각에 이웃의 눈을 피해 거적으로 덮어서 가져온 수박 한 덩이를 들어 올리는 아버지의 환한 얼굴을 지금도 잊지 못한다. 온 가족이 머리를 맞대고 수박 껍질의 하얀 부분까지 박박 긁어먹었던 달콤한 행복을 어찌 잊겠는가. 요즈음 아무리 당도 높은 수박이라도 그때만큼 맛있는 수박은 없는 것 같다.

과일 사랑은 대를 이어 손녀에게로 향한다. 종류를 불문하고 과일을 너무 좋아하는 손녀를 보면 내 어릴 적 모습을 보는 것 같다. 특히 사과를 좋아하는 모습이 나를 빼닮은 것 같아 더욱 사랑스럽다. 과일 고팠던 어린 시절의 한을 풀기라도 하듯 손녀에게 과일을 챙겨 준다. 과하면 부족함만 못하다고 하지만 언제나 실컷 먹으라고 권하는 할머니의 묵은 서러움을 저들이 알기나 할까. 먹고 싶은 과일을 원도 없이 먹을 수 있는데 혈당조절 때문에 마음대로 먹지 못하는 세월이 더욱 안타까울 뿐이다.

새로움에 대하여

　디지털 세상에 불이 났다. 일상을 일그러트려 놓은 코로나가 주범이다. 한 번도 경험해 보지 못했던 변형된 일상에 적응하면서 디지털 세상이 엄청난 속도로 앞당겨졌다. 지구촌 어디서든 대면하지 않고 회의를 하고 강의하는 것이 신기하기만 했었는데 새로운 일상이 되었다. 코로나가 유치원생부터 대학생, 일반 직장인까지 컴퓨터 앞에 앉혔다. 너무나 빠른 변화의 속도에 어지럽다고 외면할 수 없는 상황이다. 무딘 발걸음이라도 따라나설 수밖에 없는 노릇이다.
　손녀의 온라인 수업에 손녀보다 할머니가 더 긴장한다. 컴퓨터를 켜서 아이디와 비밀번호만 치면 접속하도록 전날 미리 연습하고 맞춰놓았다. 아뿔싸! 화면이 한순간 까맣게 먹통이 되어버렸다. 이유를 알 수 없는 순간적인 상황에 속내도 까맣게 탄다. 수업 시간은 촉박하고 확실한 지식 없이 이리저리 만지려니 진땀이 난다. 아주 간단한 작은 터치 하나도 잘 모르고 자신이 없으니 애간장이 탄다. 일하고 있는 아들 며느리 죄다 전화 연결해 놓고 소동이 벌어졌다. 결국, 30분 늦게 접속한 수업으로 영어에 이어 컴퓨터까지 제대로 못하는 할머니로 낙인찍히고 말았다.

스마트 폰을 스마트하게 사용할 줄 모르는 시대의 낙오자가 되어가고 있다. 가장 간단하고 기본적인 것 외는 온갖 기능에 대해 알려고 하지도 않고 귀찮게 여기고 있으니까. 스마트 폰에 온 세계가 들앉은 이 시대에 반벙어리처럼 더듬거리고 있자니 속이 탄다. 귀찮고 골치 아픈 일을 멀리하고 싶은 마음이 솔직히 더 많은 것을 어찌하랴. 손에 든 폰으로 검색하고 앉아서 세상과 소통하는 사람이 무척 유능해 보인다. 점포도 없이 허공에 떠 있는 은행의 해외주식투자까지 척척 잘하는 친구가 부러운 것 또한 사실이다. 키오스크를 제대로 못해 햄버거도 하나 못 사먹게 되다니 참으로 한심한 노릇이다.

때마침 아파트 주민을 위한 스마트 폰 수업으로 연결되었다. 희미하게 남아있는 배움의 열기를 되살려 만사 제쳐놓고 덤벼들었다. 나와 비슷한 늙은 학생들이 모여서 공부를 하려는데 코로나의 방해로 비대면 수업으로 전환되었다. 난생처음 컴퓨터로 비대면 온라인 수업을 하게 되었다. 새로운 것을 알게 되는 순간의 희열이 가슴 벅차게 한다. 어느 날 온라인으로 회의와 모임과 학습하느라 컴퓨터 앞에 앉아있는 나를 본다. 코로나 이전에는 전혀 예상하지 못했던 일이 아닌가. 손바닥만 한 스마트 폰에 무궁무진한 기능이 가득하다. 비로소 눈이 번쩍 뜨이고 별천지 같은 세상이 보인다. 죽을 때까지 배워야 한다는 말이 맞는 것 같다.

시대를 앞서가는 선각자가 얼마나 위대한지 실감한다. 육칠십 대 학생을 가르치는 선생님은 학생들보다 더 연세가 많은 분이다. 변화의 흐름을 빨리 받아들이고 새로운 기기를 먼저 터득한 리더의 자세에 감탄하다. 컴퓨터가 학교 현장에 투입될 때만 해도 남보다 먼저 연수도 받고 적극적이었는데 어느새 디지털 문맹이 되어 칠순에 한글을 익히는 할머니 꼴이 되었으니 한심하다. 돌아서면 잊어버리기 예사인 이 나이에 배운다는 것이 두렵기만 했는데 그게 아니다. 코로나 강풍 속에서도 돋아나는 새싹 같은 새로움의 감각이다.

남은 다 알고 있는 오래된 지식이라도 새로움으로 다가온다. 새로운 세계가 비로소 열린 것이다. 스마트 폰에 내재 된 새로운 세상의 접속이 나를 새로운 나날로 업그레이드 시킨다. 동영상 편집으로 사진에 글과 사연도 넣고 음악도 깔고 온갖 기능을 다 첨가하여 스마트폰을 요리하는 재미가 쏠쏠하다. 폰이나 컴퓨터로 장소 불문하고 온라인 수업에 참여하는 것이 자유롭다. 심지어 걸어가면서도 수업을 듣게 되니 얼마나 놀라운 변화인가. 아직도 햇병아리 수준이지만 왜 진즉에 배우지 않았는지 안타까워하면서도 한편으로는 우쭐해진다.

새로움의 생존 시간이 짧은 것이 서글프다. 내가 습득한 새로움은 잠시만 머뭇거려도 금방 망각의 늪으로 빠져버린다. 새로움은 까치발로 온 세상을 더듬는 10개월 손녀의 시선과 같다. 한시도 쉬지 않고 손가락을 놀리고 활용을 해야 신선도를 유지할 텐데 몸이 말을 듣지 않는다. 쉬 피로를 느낀다. 골치 아픈 것은 피하고 단순한 시선으로

만 살고 싶은 마음 때문일까. 속도가 느려도 돌아서면 다 잊어버려도 실망하지 말고 나만의 더듬이로 천천히 배움의 기쁨을 누리는 한 마리 달팽이가 되어야겠다. 새로움은 아무래도 뾰족한 가지 끝에 달린 가시 돋은 열매다.

'을' 덕분에

　'자연을 살다'라는 테마를 접하니 전원생활이 머릿속을 스친다. 모 방송의 '자연인'이라는 프로그램도 생각난다. 주어진 테마를 다시 읽으니 분명 '자연에 살다'가 아니고 '자연을 살다'이다. 중간의 한 글자 '을'이 테마의 방향을 틀어놓는다. '을'이라는 조사가 내 안의 생각을 풀어놓고 싶은 자극을 준다. 문득 '자연을 살다'가 나에게는 '자유롭게 살다'로 다가왔기 때문이다. 자연이라는 장소가 아니라 자연스럽게, 또는 자유롭게 살고 싶은 평소의 생각이 고개를 든다.
　귀촌 인구가 많아진 요즈음이다. 일선에서 은퇴한 노부부가 자연에서 멋진 노후를 살아가는 이야기를 텔레비전에서 자주 접한다. 나이가 들면서 자연으로 돌아가고자 하는 열망은 더 짙어진다. 매스컴 덕분인지 자연에 사는 지인들이 점점 많아지고 있다. 반대로 전원생활에서 벗어나 도시의 병원 근처로 되돌아오는 지인도 있다. 자연에 사는 것도 한때의 유행인 듯하다. 어떤 사연으로 나 역시 양산 배내골에 세컨하우스를 가지게 되었다.

부산에서의 삶을 정리하고 온전히 그곳으로 옮겨 앉아 산다면 '자연에 산다'라고 할 수도 있겠지만 이쪽저쪽 양다리 걸치고 살자니 힘만 든다. 주말이나 한 번씩 가보는 세컨하우스가 내게는 오히려 짐이다. 맑은 공기와 주변의 경치에 홀리는 기쁨은 잠시다. 여름에는 풀과의 전쟁이고 겨울이면 동파에 신경을 써야 하니 자연에 사는 것이 생각만큼 녹록하지 않다는 것을 알아차렸다. 가꾸고 돌보지 않으면 금방 잡초가 무성해지는 것은 마음 밭이나 시골마당이나 똑같다.

있어야 할 자리가 아닌 곳에 있는 것이 잡초다. 언제부턴가 시골마당의 잡초에 무디어졌다. 기를 쓰고 뽑아낸 세월이 어느 날 허탈해진다. 작은 텃밭이나 잔디밭에 잡초 좀 있으면 어떠하랴. 잡초가 있어야 자연적인 야생의 맛이 나지 않을까. 적당히 뭉툭해진 삶의 모퉁이를 비로소 보듬는다. 나이 들어 좋은 것 중의 하나가 하기 싫은 일은 안 하고 살 수 있는 용기가 생긴 것이다. 사람이 하는 일인데 좀 못해도 그만이고 잘해도 그만이라는 생각이 자리를 잡는다. 부추인지 풀인지 뒤섞여 구분도 어려운 텃밭을 보면서 자유롭게 살고 싶은 마음이 솟는다.

더 솔직히 말하자면 진정한 자유가 그리운 것이다. 며느리 역할은 최근에 끝이 났으니 아내, 어머니, 할머니의 자리도 훌훌 털어버리면 좋겠다. 오로지 나 자신만을 위한 삶을 잠시라도 살아보고 싶다. 옛날에 했던 연속극 '엄마가 뿔났다'에서 주인공 김혜자가 집을 뛰쳐나가 혼자만의 공간에서 자유를 만끽하던 딱 그만큼 나도 해 보고 싶다. 절대로 나를 변화시킬 수 없음을 잘 알기에 더욱 갈증이 나는 '자연을 살다'이다.

살면서 한 번도 해 보지 못했던 것들을 더 늦기 전에 해 보고 싶은 생각이 가슴에 들앉은 이유는 무엇일까. 뒤집으면 결코 할 수 없는 소원임을 이미 안다. 현실에 껌딱지처럼 찰싹 붙어있는 발바닥으로 어느 별에도 갈 수 없는 존재임을 확인할 뿐이다. 필요에 의해서든 아니든 나를 중심으로 돌아가는 나의 세상을 과감히 깰 수 있는 용기가 아직 없다는 것이 헛나이만 먹은 것 같아 서글프다.

오래 신어 헐거워진 신발처럼 그런 편안한 자유는 조금 느껴지는 나이가 되었다. 희비의 감정이 평준화되었다. 딱히 먹고 싶어 생각나는 음식도 별로 없는 그저 밋밋한 세월 속에서 내가 생각하는 '자연을' 이미 살고 있는지도 모를 일이다. 체형도 외모도 생각도 자연스럽게 노화되고 있으니까. 잠시 자유롭게 날아다녔던 일탈의 희망 속에서 복귀한다. 늘 하던 대로 지인들의 복제된 문안 인사를 카톡으로 받고 전하며 자연스럽게 짧은 생의 시간을 살아가겠지. 나를 위한 품위는 유지하되 남을 의식할 필요는 없으리라. '자연을 살다' 덕분에 잠시나마 자유로운 생의 환희를 그려보고 가슴에 꽃을 심고 마음에 맑은 하늘을 품어 보았다.

찬란한 추위

　아름다운 사계절이 흔들리고 있다. 여름과 겨울, 두 계절만 존재할 듯 변해간다. 과학발달의 후유증인가. 환경오염이 낳은 이상 기온 때문인지 계절도 혼돈의 시대를 산다. 자연을 거슬러 인위적으로 조작된 환경 속에서 오늘이 불안하고 알 수 없는 내일이 두렵다. 유난히도 추위를 많이 타는 내게 불행인지 다행인지 겨울이 겨울답지 않고 포근하여 좋다. 내 유년의 겨울은 왜 그토록 추웠을까. 어릴 때부터 혹독한 추위 속에 무방비로 노출되어있어서 그런지도 모른다. 겨울의 기억 속에는 너무 추워서 울고 있는 한 아이가 웅크리고 있다.
　신작로를 만드느라 산을 깎아서 허허벌판이 된 황톳길을 지나 학교로 오갔다. 차가운 골바람을 막아 줄 산이 없어졌으니 칼바람의 난도질은 거침없었다. 변변한 방한복도 없이 그 찬바람을 안고 집으로 가는 길은 눈물길이었다. 얇은 창호지 문 하나로 가려진 방이지만 그래도 온기가 남아있던 아랫목 이불 속에 얼굴을 묻고 소리 내어 울고 또 울었다. 장갑 하나 목도리 하나 제대로 없었던 가난이 더 서러웠으리라. 겨울밤 호롱불 아래서 듣는 이야기 속의 귀신보다 맹추위가 훨씬 더 무서웠다.

내가 다니는 중학교 교사 뒤로 작은 개울이 흘렀다. 봄이면 졸졸 흐르는 물소리가 오후 수업의 자장가 소리인 듯 아른하게 들렸다. 여름에는 시원한 그늘이 좋고 맑은 물소리가 정다워 자주 찾는 곳이었다. 가을에는 부산에서 부임해 오신 국어 선생님과 미꾸라지를 잡기도 했다. 수도는커녕 우물도 없었던 우리 집의 빨래를 해결하는 장소이기도 했다. 문제는 겨울이었다. 무서운 칼바람과 쩍쩍 달라붙는 매서운 추위를 뚫고 빨래를 하러 오가는 것도 고문이었다. 어머니를 돕겠다고 물에 손을 넣었다가 손가락이 잘리는 듯 시리고 아파서 또 울었다.

산 그림자 드리운 개울가 빨래터는 골바람이 세차게 불었다. 음산한 골짜기를 훑고 지나는 찬바람이 코를 베는 것 같았다. 산더미 같은 빨랫감을 머리에 이고 빨래하러 나서는 어머니를 따라가야만 했다. 살얼음을 깨고 자리를 잡은 어머니가 빨래를 다 할 때까지 발을 동동 굴리며 기다렸다. 집에서 따뜻한 물에 초벌 빨래를 하고 헹구러 왔다지만 물기 먹어 무거운 빨래를 머리에 이고 내릴 때는 고사리 같은 손이라도 도움이 필요했으니까. 나의 임무를 외면한 채 추운 것이 싫어서 도망치고 싶은 마음뿐이었다. 참으로 철없는 딸이었다. 뼈까지 파고드는 차가운 물에 맨손으로 그 많은 빨래를 하셨던 어머니의 고통을 알기에는 너무 어렸었다고 스스로 변명한다.

　겨울이 진짜 겨울다웠다. 어떻게 그 추운 겨울을 이겨내고 살아왔을까. 따뜻한 남쪽의 바닷가 마을에서도 어린 소녀의 겨울은 혹독했는데 북쪽의 한파는 어땠을까. 하지만 겨울의 기억 속에는 눈물만 있는 것이 아니었다. 군불 땐 아궁이 잔불에 던져둔 뜨거운 고구마를 호호 불며 먹었던 기억이 달콤하다. 양지바른 담 밑에 옹기종기 모여 앉아 무엇인가를 손질하시던 어머니 품으로 와락 달려들었던 햇살처럼 포근한 기억은 그리움으로 남아있다. 오빠들을 도와 사금파리 갈아서 연줄에 풀을 먹일 때는 추위도 몰랐다. 언덕 위 찬바람 속에서도 상대방 연줄을 끊을 때는 하늘의 연처럼 기쁨의 춤을 추었다.

　어린 시절 혹독한 추위가 나를 더 단단하게 키웠는지도 모른다. 별다른 병치레 하지 않고 잘 자랄 수 있었던 것은 겨울다운 겨울의 추위 덕분이지 않을까. 모진 한파에 각종 세균이나 바이러스 같은 미생물인들 살아남을 수 있었겠는가. 혹독한 겨울 추위가 자잘한 병균을 다 죽이고 자연적으로 환경정비를 해준 셈이다. 온실의 화초처럼 추위를 모르고 따뜻한 겨울을 나는 요즈음의 아이들이 더 많이 병원을 찾는 것은 무엇을 말하는가. 지구 온난화와 기후 변화의 재앙에 맞서야 할 손녀들의 미래가 걱정된다. 도망가고 싶을 만큼 끔찍했던 추위가 오히려 그립다. 겨울의 기억 속에 내 유년의 찬란한 추위가 빚은 눈물이 보석처럼 반짝거린다.

덕분입니다

　어린이는 어른의 스승이라고 했다. 어른들이 무심결에 내뱉는 말을 아이는 어느새 뇌리에 저장해두었다가 불쑥불쑥 뱉어낸다. 스펀지로 물을 빨아들이듯 흡수력이 왕성한 아이의 오감이다. 아이는 어른의 일거수일투족을 그대로 반영하는 거울과 같다. 아이 앞에서 조심해야 할 것이 한두 가지가 아니다. 아직 어린이도 안 된 다섯 살배기 손녀가 나에게 일침을 가한다. 뜨끔하여 나 자신을 돌아본다.
　영어유치원에 다니는 손녀의 혀 놀림이 흉내도 못 낼 만큼 입안에서 구른다. 영어를 좀 한다는 할아버지에게 발음이 나쁘다고 지적하는 손녀가 깜찍하고 귀엽다. 일부러 모르는 척해주는 할머니에게 새로 알게 된 영어 단어를 테스트하는 재미에 폭 빠진 손녀가 귀엽기 짝이 없다. 진짜로 모르는 단어를 물을 땐 살짝 네이버를 뒤지기도 한다. 어떨 때는 알고 있는데 일부러 모르는 척하는 듯 위기를 모면

하기도 한다. 어느 날 식탁에서 손녀와 대화를 하다가 깜짝 놀랐다.
 "우리 손녀 때문에 할머니가 어려운 영어 단어도 알게 되네. 고마워. 많이 배워 와서 할머니한테 자꾸 가르쳐 주세요."
 순간, 입으로 들어가던 숟가락을 멈추고 고개를 돌려 빤히 쳐다보면서
 "할머니 그것 알아요?"
 "뭐?"
 "그럴 때는 '때문에'가 아니고 '덕분에'라고 해야 하는 거예요."
 "아이구나! 그렇네, 맞네, 맞아, 니 말이 맞아. '때문에'가 아니고 '덕분에'라고 해야 맞지."
 세상에 나온 지 고작 5년밖에 안 된 아이한테 허를 찔렸다. 어린이도 정확하게 분별하는 두 단어의 차이를 글을 쓴다는 할미가 제대로 모르고 혼돈하고 있었으니 부끄러운 일이 아닐 수 없다. 그러면서도 두 단어의 차이를 정확하게 파악하고 있는 아이가 기특하고 대견스러워 만나는 여러 사람에게 얘기하기 바쁘다. 할머니의 무식함을 폭로하는 듯하면서 누가 들어도 확실한 손녀 자랑을 은근슬쩍 하는 것이다.
 '때문에'라는 말을 입에 달고 살아온 자신을 되돌아본다. 평소에 얼마나 '때문에'라는 말을 입에 달고 살아왔으면 불쑥 '때문에'가 먼저 튀어나왔을까. 생각 없이 내뱉는 말속에 남의 탓만 하면서 살아온 나의 지난날이 묻어 있는 게 아닌가. 그러고 보니 '덕분입니다.'라는 말을 잘 쓰지 않고 그 말을 인사치레로 하는 말로 여기면서 살아온

것 같다. 왜 '덕분입니다'라는 말에 인색했을까. 내 아이를 키우면서 칭찬에 인색했던 것과도 일맥상통하는 것 같아 다시 지난날의 후회가 고개를 든다.

덕분이라는 말은 베풀어준 은혜나 도움을 뜻한다. 덕분이라는 말은 긍정적인 현상이 나타난 원인을 나타내고, '때문에'는 '탓'과 같은 뜻으로 부정적인 현상이 나타난 원인을 나타낸다. '덕분에' 보다 '때문에'를 더 많이 입에 달고 살아온 것이 당연할 수 밖에 없을 만큼 늘 부정적인 마인드로 살아왔는 것 같다. 무엇 때문에, 누구 때문에, 늘 나 아닌 상대나 환경 탓만하고 살아온 것 같다. '덕분에'라고 생각하면서 살아온 세월이 턱없이 부족하다.

출산 예정일을 잘못 계산하여 과숙아로 자칫 잃어버렸을 첫아들이다. 눈물과 기도로 겨우 살려서 보듬어 키운 아들인데 늘 더 잘하는 남의 집 아들과 비교하며 칭찬에 인색하였다. 아들 덕분에 내가 받은 기쁨과 감사가 얼마나 컸는지 그새 잊어버리고 말았다. 너무 잘나서 멀리 해외동포로 사는 것도 아니고 시골 의사로 부모 가까운 곳에서 가정을 꾸리고 예쁜 손녀 낳아서 할머니 만들어준 고마운 아들이다. 그 옛날 더 많은 칭찬과 격려를 해주지 못한 후회가 아들의 딸을 통해 비로소 하게 된다.

내 유년의 기억은 눈물에 젖어있다. 모두가 가난했던 시절이었지만 우리는 이웃보다 더욱더 가난했기 때문이다. 가진 것 없고 배운 것 없는 부모님은 먹이를 물어 나르기 바쁜 어미 새처럼 부지런한 날갯짓으로 산과 바다를 훑어 자식들 입에 먹을 것을 넣어주셨다. 자라면서 부모님의 지극한 고생을 이해는 하면서도 비교의식이 싹트고 점점 내 마음에는 부정적인 마인드가 크게 자리를 잡았다. '덕분에'라는 말이 생소할 만큼 마음은 늘 허기지고 어두운 그림자가 드리워졌다.

  철이 들면서 주위에는 더 험한 역경을 헤쳐나가는 사람이 많다는 것을 인식하기 시작했다. 비교하면서 생긴 부정적인 마음이 다시 비교를 통하여 긍정적인 마음으로 바뀌어 갔다. 아무리 못 배우고 가진 것 없는 부모님이라도 부모님이 안 계신 데에 비하랴. 많은 것을 가지고도 서로 싸우고 불행한 가정보다 부족해도 정직한 노동으로 열심히 살아가는 부모님과 건강한 가정이 있어서 얼마나 떳떳하고 좋은가.

  내 몸의 팔 할을 차지하는 수많은 '때문에'를 '덕분에'로 바꾸어 본다. 가난한 가정환경 덕분에 더욱 열심히 공부하였고 초년고생이라는 귀한 인생의 보약을 일찌감치 맛보았다. 먹을 것이 부족했던 덕분에 이것저것 가리지 않고 무엇이나 잘 먹는 식습관이 생겼다. 산으로 들로, 마구 뛰어다니며 놀았던 덕분에 기초 체력도 튼튼하고 잔병도 없이 오늘을 살고 있는 게 아닌가. 이 모든 '덕분에'를 미처 생각하지 못하고 '때문에'로 우울하고 슬프게 살아온 세월이 얼마나 어리석었는지 비로소 반성한다.

  '덕분에'라는 말을 의식적으로 사용하려고 노력하다 보니 정말로 주변의 크고 작은 일에 '덕분에'가 가득하다. 무탈하게 살아가는 하루하루가 '덕분에'라는 고마움으로 다가온다. '덕분입니다.'라는 말에는 작은 것에도 감사하고 고마워하는 마음이 담겨있다. 배려와 친절이 담겨있는 이 말은 하는 사람과 듣는 사람 서로를 기분 좋게 한다. '덕분입니다'를 자주 쓰니 마음이 한결 여유로워진다. 그 덕분에 초로의 허허로운 시간이 뿌듯한 보람으로 풍성해진다. 이 모든 기쁨이 손녀 덕분이다.

첫걸음

　봄의 산고가 시작된다. 실핏줄 같은 잔가지 끝까지 수액을 펌프질하느라 나무들은 볼이 발개지도록 힘을 준다. 모진 겨울을 견디어낸 생명이 사방에서 터져 나온다. 껍질을 찢고, 암흑의 세계를 밀어내고 솟아오른다. 그래서 봄을 잔인한 계절이라 했던가. 이 고난의 봄날에 꼬물꼬물 돌잡이 손녀가 걸음마를 시도한다. 잡고 일어서는 것이 가능해지자 금방 옆으로 몇 걸음 걷는다. 움직이려는 본능이 발동을 걸었다. 혼자 걷고자 하는 의지가 봄날의 새순 같다.

　세상을 향한 첫발이 무척이나 힘이 들어 보인다. 처음이 어려운 것은 어른이나 아이나 똑같은가 보다. 인형같이 작은 두 발로 딴 손 놓고 서는 것도 버거운데 걸음마라니 참으로 고된 인생의 시작이 아닐 수 없다. 땅에 딱 달라붙어 도저히 떨어지지 않는 발을 어찌할까. 넘어지기 수십 번, 엉덩방아 찧기를 골백번은 더 하더니 드디어 첫걸음마에 성공한다. 온 가족의 환호 속에 고사리 같은 어린 생명은 12개월 인생에서 가장 힘든 고개를 넘는다. 발육 속도에 맞춰 늦지도 빠르지도 않게 걸음마를 시작한 손녀가 귀엽고 예뻐서 눈물이 날 지경이다.

천지에 녹색의 물이 돌자 겨우내 죽은 듯 움츠렸던 생명이 일제히 솟구친다. 대지를 뚫고 터져 나오는 그 힘, 누구도 막을 수 없는 자연의 섭리가 아닌가. 균형을 잡느라 비틀거리다가 조심스럽게 내딛는 아이의 첫걸음이 고목의 새싹 같다. 신세계를 열어준 첫걸음이 푸른 녹색의 꿈으로 달리기 시작하리라. 누구도 대신해 줄 수 없는 노력의 결실이 아닐 수 없다. 고 어린 생명도 자신의 노력에 대한 성취감을 알까. 손뼉을 치며 몇 개 안 되는 이빨을 다 드러내며 활짝 웃는다.

시간을 먹으며 아이는 세상을 흡입한다. 엎치고 배밀이하고 무릎으로 기어가기를 차례로 다 헤쳐나온 험난한 과정이었다. 과정을 넘길 때마다 행여나 때맞춰 제대로 못 할까 봐 안달하던 할머니의 졸갑증이 부끄러워진다. 때 되니 다 하는데 왜 그렇게 성급하게 미리 걱정을 했던가. 기다려줘야 한다는 가장 순수한 배움을 아이에게서 얻는다. 아이와 함께 하나씩 산을 넘으며 처음을 생각한다.

첫걸음이 힘든 것은 사회를 향하여 첫발을 내딛는 젊은이도 마찬가지다. 돌잡이 아이의 첫걸음 못지않게 사회초년생들의 발걸음도 무겁고 어려운 오늘날이다. 이력서를 들고 골백번 두드려도 열리지 않는 취업의 문 앞에서 좌절하는 젊은이가 얼마나 많은가. 단숨에 성공적으로 첫걸음을 내딛는 젊은이는 소수에 불과하다. 코로나 한파까지 덮친 가운데 무수한 실패의 쓰라림 속에서 초록의 꿈을 펼치지 못하고 시들어가는 젊은이들을 어찌할까.

시간이 가면 자연스럽게 습득되는 아이의 걸음마와 반대로 사회로의 첫걸음은 시간이 갈수록 힘들어진다. 걱정되고 초조해지는 것은 부모도 마찬가지다. 자립의 첫걸음을 포기하고 캥거루족이 되어 다시 부모 품 안으로 들앉는 젊은이들이 심각한 사회문제를 싹틔우고 있다. 비혼과 저출산으로 인구절벽이라는 거대한 암벽 앞에 섰다. 결코 그들만의 일이 아닌 우리 모두의 어두운 미래가 아닐 수 없다.

자립을 위한 적당한 도움의 손길도 필요한 것이다. 큰 나무를 이식 후에 세워두는 버팀목처럼 딱 그만큼의 도움은 절실하다. 야산의 언덕에 떨어진 씨앗 하나가 싹 트고 어린나무로 자라는 것도 저절로 되는 게 아니다. 썩어서 밑거름된 토양과 햇볕과 물이 있어야 하지 않는가. 스스로 걷고자 하는 의지에 걸림돌이 되어서는 안 될 일이지만 세워주고 잡아주는 도움의 손길을 무턱대고 외면할 수도 없는 노릇이다. 세상을 먼저 살아온 어른과 이 사회가 그 노릇을 제대로 하지 못하고 있는 것 같아 답답하다. 모두에게 참으로 잔인한 봄날이다.

첫걸음은 대단한 일이다. 첫걸음이 길을 만든다고 하지만 인생의 길은 한 길만 있는 것이 아니지 않는가. 아무리 힘든 일이 내 앞에 주어진다고 한들 저 아이의 첫걸음처럼 한 걸음씩만 걸어 나간다면 못 할 일이 없을 것 같다. 지금 꿈을 위해 노력하는 젊은이들에게 아주 작은 보폭으로 한발씩만 앞으로 나아가라고 말해주고 싶다. 아이는 첫걸음을 위해 제자리에서 발을 들었다 놓기를 수도 없이 반복하였다. 첫걸음부터 큰 보폭으로 멋지게 출발하려는 비뚤어진 의식이 취업문을 더 좁히는 게 아닐까. 외국인 노동자가 대신하는 노동의 현장을 회피하고 취업문 좁은 타령을 하는 것 같아 안타깝다.

　인생은 아주 작은 걸음마로 시작한 날들이었다. 한 걸음 한 걸음 시작했었던 삶의 행로를 되짚어 본다. 하나씩 이루면서 작은 성취의 기쁨에 환호했던 행복을 기억한다. 더 빨리 더 많은 것을 가지기 위해 뛰다가 넘어지고 뛰는 것도 모자라 날려고 발버둥 쳤던 지난날의 기억이 씁쓰레하다. 다시 보폭을 좁혀 조심스럽게 삶을 마무리 해야 할 시점에 서서 아이의 첫걸음을 유심히 바라본다. 세상은 아이의 첫걸음처럼 진지하게 살아야 하는 곳이 아니던가.

퇴역 장군

　어머님의 유품인 자개농이 드디어 집을 나선다. 주인이 떠나고도 4년째 빈방을 지키고 있던 화장대와 문갑, 사방탁자를 포함한 12자 자개농이다. 상여가 나가듯 엄숙한 분위기다. 아쉬움인가, 후회인가, 그리움인가, 그 정체를 알 수 없는 눈물이 나도 모르게 흘러내린다. 어머님의 자존심을 지켜준 호위무사였던 거대한 자개장이 임무를 마치고 퇴역하는 노병처럼 사라지고 있다. 어머님 가시고도 차마 손을 대지 못했으니 20여 년을 한 곳에서 버틴 충직한 장군이 아닐 수 없다.

　켜켜이 쌓인 먼지도 따라나서기 싫은지 농과 한 몸이 되었다. 긁어서 억지로 떼어낸다. 빛이 차단된 음지에서 처음의 색을 간직한 뒷벽이 선명하게 드러난다. 때 묻은 주변의 벽과 어울리지 않는 세월의 흔적이다. 억눌린 세월만큼 노란 장판이 갈색의 앙금으로 변했다. 강

산이 두 번 바뀐 세월 앞에 바뀐 것이 어디 그뿐이랴. 퇴역 장군의 가슴에 주렁주렁 달린 훈장처럼 빛나던 자개농의 영광은 퇴색되어 세월 앞에 고개를 숙인다. 육중한 몸체를 운반 기사에게 맡기고 맥없이 들려 나가는 자개농의 최후가 눈물겹다.

마지막 점검을 한다. 불이 켜져 있는지 창문이 열렸는지 이방 저방 다니며 확인을 한다. 화장실 불 좀 끄고 다니라는 어머님의 잔소리가 그리움으로 다시 귓전을 울린다. 귀찮기만 했던 잔소리들이 벽마다 배어있었던가 불쑥불쑥 튀어나온다. 고작 하루 집을 비우는 여행인데 몇 년이나 떠나있을 듯 설친다. 집단속을 하고 돌아나가는 뒷덜미에 찌릿한 전율이 인다. 이대로 나섰다가 돌아오지 못한다면? 누가 가져갈세라 꼭꼭 단속하는 이 모든 것이 매미 허물처럼 버려질 것 아니겠는가.

여행의 기쁨만큼 섬뜩한 이 느낌은 뭘까. 허망하게 생을 마감하는 지인들이 늘면서부터 생겨난 염려증인지 모른다. 어머님의 염하던 모습이 왜 갑자기 떠오를까. 영혼이 떠나고 남겨진 육체는 버석 마른 껍데기였다. 아무것도 가지고 갈 수 없는 생의 끝을 똑똑히 봤건만 아직도 행동으로 옮기지 못하는 우유부단함이 아닌가. 너무 많은 것들에 짓눌려 살아가는 나의 실체가 문득 눈에 들어온다. 집을 나서면서 무슨 오두방정인지 여행에서 돌아오면 정리할 목록을 적는다. 어머님의 자개농이 시작이다.

어머님의 자개농은 명장의 손에서 태어난 고가의 작품이었다. 정교한 손놀림을 요구하는 새로운 기법이라고 했었다. 잘게 꺾어서 붙인 푸른 빛의 자개가 영롱한 빛을 발했다. 한 폭의 벽화 같았다. 귀천 후 자신이 누릴 세상인 양 황홀한 선경仙境을 바라보던 어머님이셨다. 역경을 헤쳐나온 자신의 삶에 주어지는 보상인 듯 애지중지하셨다. 그 비싼 자개농이 한 푼의 값어치도 없이 오히려 운송비를 줘야 가져간다니 기가 찰 노릇이다. 겨우 수소문하여 리메이크하겠다는 사람과 연이 닿았다. 봉고차 빌리고 동원한 인건비나 건질지 모르겠다고 걱정을 하며 떠나는 그이에게 왠지 짐을 떠넘기는 것 같아 씁쓰레하다.

언제나 기세등등한 여장부 같았던 어머님께 낙엽의 시간은 가마득할 줄 알았다. 거대한 산의 푸른 숲처럼 버티고 계셨던 어머님이라는 존재가 버팀목이기도, 짐이 되기도 했던 애증의 세월이었다. 일제 강점기의 시간과 똑같이 시어머니와 함께 산 36년의 세월이 어느 날 문득 끝이 나고 말았다. 실감이 나지 않고 금방이라도 '에미야' 부르며 오실 것 같아 어머님을 뵈듯 자개농을 치우지 못했다.

떠나보낼 준비로 자개장의 문을 열었다. 예쁜 공단 요와 이불이 켜켜이 잘 개켜져 있다. 한 채 한 채 꺼내는 이불에서 어머님의 삶이 쏟아진다. 당신의 홍색 청색 신혼 이불, 색동 홑청의 요와 백 마리 나비가 수놓아진 며느리의 혼수 이불까지 한 생의 여적이 흥건하다. 눈에 거슬리는 빨강 초록의 촌스러운 색상이 세대교체의 신호등 같다. 평소에 잘 사용하지도 않는 저 많은 이불을 차곡차곡 쌓아놓고 어머님은 얼마나 흐뭇하셨을까. 억척스러운 삶의 까칠한 손끝이지만 고운 이불을 매만질 때는 남정네를 기다리는 여자였으리라.

제대로 사용하지 않은 흔적이 노릇노릇 점으로 앉았다. 남몰래 흘린 어머님의 눈물일까. 제대로 출전도 못 해보고 퇴로에 놓인 패잔병 같다. 귀한 목화솜이 아깝다. 다져진 솜을 다시 타서 이불을 만들기까지 수공 비용이 더 든다니 엄두가 나지 않는다. 폐기물 처리반을 불렀다. 불도저로 밀어버리듯 거대한 산봉우리 세 개가 한순간에 사라졌다. 산을 깎아 길을 만드는 공사판처럼 어머님의 산에 막혀있던 내 마음에 새로운 길을 뚫었다. 버리는 것도 돈이 드는 세상이 된 줄을 비로소 깨닫고 어머니의 자리에 선다.

어지러울 정도로 빠르게 변하는 세상이다. 바이러스에 의해 한 번도 경험해 보지 못한 변형된 일상을 살고 있다. 변종 바이러스가 인간 세상의 가치 개념을 바꾸어 놓는다. 고도로 발달하는 디지털 세상은 틈을 더 크게 벌려놓는다. 세대의 교차점에서 시대가 요구하는 거센 변화의 바람에 흔들린다. 값비싼 자개농이 땡전 한 푼의 가치도 없이 전락해버렸다. 목화솜 고운 이불이 헌신짝처럼 버려진다. 좀 더 쉽고 간단하고 편리한 세상으로 변하지 않는가. 95%를 다 버려야 된다는 남편의 말에 마누라까지 다 버리라고 눈을 흘기며 반대했는데 이제는 맞장구를 친다. 앞장서서 책이고 그릇이고 정리의 칼을 휘두른다. 소멸당하는 고전과 전통의 가치가 어떤 역풍을 몰고 올지 알 수 없는 미래는 이미 다음 세대의 몫이다.

결론은 내가 변해야 한다는 것이다. 고작 변화하는 세상을 인식하는 것에 불과하겠지만, 오랜 습관을 긁어내는 일이 쉽지 않더라도 더는 미룰 수 없는 과제다. 결국에는 쓰레기로 버려질 내 삶의 흔적들을 미리 지우고 싶다. 아프간을 떠나는 마지막 수송기에 오르는 장군처럼. 노병은 죽지 않고 사라질 뿐이라고 했다. 소임을 다하고 사라지는 모든 것에 거수경례를 올린다. 최후까지 주어진 임무를 수행하고 사라지는 것이 얼마나 아름다운가. 퇴역 장군처럼 사라지는 어머님의 자개농에 한 세대의 마침표를 찍는다. 나를 새롭게 다듬는다.

5부

길 위에서

설국 속으로 177 불과 얼음의 땅 아이슬란드 188
솔롱고의 나라 1 211 솔롱고의 나라 2 216
인연의 길을 따라 221

설국 속으로

1일 - 김해공항에서 도쿄 미야꼬 와스레까지

   국경의 긴 터널을 빠져나오자 설국이었다는 가와바타 야스나리의 소설, '설국'의 유명한 첫 문장을 떠올리며 아끼다, 아오모리 여행길에 올랐다. 김해공항 출국장에서부터 입국서류를 휴대폰에 저장하느라 한바탕 전쟁을 치른다. 출국장의 긴 줄이 코로나 팬데믹 이후 여행의 봄을 알리는 서막을 펼친다. 대한항공 KE2029는 만석의 기쁨으로 가볍게 날아오른다. 친구들과 함께 설국으로 향하는 마음이 모처럼 설렌다.
   나리따 익스프레스를 타고 도쿄로 향한다. 철로 변의 줄을 위로 밀어 올리면서 승차를 하는 모습이 신선하다. 일본의 집 외형은 칼로

---

* 2023.2.14. ~ 2.18 아끼다 아오모리 여행

벤 듯 강렬한 직선이 특징이다. 집 구경에 정신없는데 도쿄의 복잡한 지하도시에 닿는다. 북적이는 인파를 뚫고 도시락과 물과 생맥주를 사 들고 2시 20분 발 신간센 고마치에 오른다. 대낮의 생맥주는 일상 탈출의 신호탄이다. '내 밴또니까무라상' 오래된 농담을 안주로 즐기며 기차는 북으로 달린다.

약 두어 시간쯤 달리는데 슬슬 눈이 보이기 시작한다. 센다이를 지날 때는 동일본 대지진을 잠시 기억하고. 이불처럼 덮고 있는 지붕의 눈이 점점 두꺼워지고 밀쳐놓은 눈더미가 산 같은 마을을 지난다. 저 멀리서 눈이 내리는지 시야가 흐릿하다. 비누 거품 같은 눈을 이고 있는 나무들, 눈밭에 발을 깊이 파묻고 서 있는 나무들의 풍경이 눈에 익숙해질 때쯤 어둠이 내려앉은 아끼다현의 카쿠노다테 역에 닿는다. 도쿄에서 약 세 시간을 달려 설국에 들어섰다. '미야코 와스레' 료칸의 셔틀버스가 기다리고 있다. 30여분 인적이 드문 산속을 꼬불꼬불 돌아든다. 불빛 하나 없는 산속을 자동차 헤드라이트가 열어주는 대로 따라간다. '도시를 잊어라'는 료칸의 이름대로 도시뿐만 아니라 나를 묶고 있는 모든 것을 잠시 잊어버리고 싶어 하얀 눈의 세상으로 파고 든다.

어둠이 감싸고 있는 미야코 와스레로 들어선다. 아기자기한 장식품과 구석구석 볼거리 많은 전통 료칸이다. 방 번호 대신 방마다 이름표를 달고 있어 기품이 느껴진다. 방마다 개별 노천온천이 있다. 유카타를 입고 게다용 양말도 신고 철저히 일본인 형색으로 가이세키 요리를 받는다. 소꿉 재기 같이 작고 예쁜 그릇에 감탄하면서 하나씩 올리는 품격있는 음식에 행복 지수가 높아진다. 눈발이 날리는 마당을 배경으로 황홀한 식사는 두 시간 가까이 이어진다. 참으로 귀한 경험이고 멋진 만찬이 아닐 수 없다. 설국의 하얀 밤이건만 얼굴에는 활짝 꽃이 핀다. 인생의 가을에 설국으로 날아든 친구들이 다시 봄을 만끽한다. 여행 첫날의 행복한 밤이다.

2일 - 미야꼬 와스레 료칸, 무사마을 관광, 사철로 이동

미야꼬 와스레의 아침이 밝았다. 여명이 번지는 창밖은 푸른 빛이 감도는 새하얀 눈이 세상을 덮고 있는 환상의 설국이다. 방앞 노천탕에서 수증기가 모락모락 피어오르고 사진에서 본 풍경 그대로 온통 하얀 세상이다. 스프링에서 튕겨 오르듯 자리에서 벌떡 일어나 밖으로 나간다. 눈을 밟으니 뽀드득 뽀드득 소리가 정답다. 사방천지 하얗게 내린 눈이 안온하고 오히려 포근하다. 아침 햇살이 스며든 금빛 숲은 보석처럼 빛난다. 료칸의 장화를 신고 산책을 한다. 어둠 속에 잠겼던 비밀의 숲길이 베일을 벗는다. 탄성에 놀란 가지의 눈덩이가 툭툭 떨어진다. 밀가루 같은 눈을 두 손 가득 뭉쳐 하늘로 날리며 동심의 세상으로 빠져든다.

가쿠노다테 역으로 나와 전용 버스로 무사의 집 아오야기로 간다. 마을의 절대 권력자였던 무사들의 집이 정갈하게 잘 보존되어있다. 신문물을 받아들인 흔적이 인상적이다. 부의 상징인 무사들의 창고를 개조하여 만든 찻집에 간다. 대포를 쏴도 끄떡없을 두꺼운 창고의 벽이다. 지키고자 했던 그들의 부를 짐작해본다. 식당 이나호에서 농촌정식을 즐긴다. 이곳의 유명한 쌀로 만든 구멍 뚫린 가래떡 키리탄보가 인상적이다.

가쿠노다테 역에서 내륙종단 사철을 타고 시골 마을로 달린다. 들판은 모두 하얀 눈밭이다. 새봄에 다시 생명을 움 틔워야 할 대지는 지력을 키우기 위해서일까, 하얀 솜이불 아래에서 진한 휴식을 누리고 있다. 설원에 드문드문 앉은 집이 무심한 풍경 속에 머문다. 아스라히 가물거리는 눈 속의 작은 집이 절대 침묵으로 평원을 달리는 한량 사철을 멍하니 바라보고 있다. 고운 가루 같은 눈도 겹겹이 쌓여 힘을 비축하고 세상을 제압한다. 대자연의 위엄에 나약한 인간은 입을 꾹 다물고 터널을 지난다. 까만 터널을 빠져나오면 설국의 흰색만 존재하는 무채색의 세상이다. 기적소리가 흩날리는 눈발을 뚫고 허공을 가른다. 영화의 한 장면 속에 있는 듯, 주인공을 태운 작은 기차는 멈출 수 없는 몸짓으로 꾸역꾸역 달린다. 멀리 눈을 소복소복 이고 있는 삼나무숲은 어깨를 맞대고 마을을 지키는 수문장 같다. 호텔형 료칸 카즈노에 도착하니 예쁜 전구로 장식한 대형 트리가 우리를 반긴다.

3일 - 아끼다에서 아오모리로 이동, 현립미술관, 스가유 온천

매일 눈이 내리고 눈이 쌓였고 온통 하얀 설국의 하루가 이어지는데 또 다른 얼굴로 새로운 눈의 세계가 펼쳐진다. 눈의 종류도 다양하다더니 아오모리로 향하는 고속도로변의 눈은 상상 초월의 환상적인 세상을 만들어 놓았다. 눈으로 표현할 수 있는 가장 예쁜 작품이 고속도로를 따라 이어진다. 삼나무 가지마다 뭉턱뭉턱 큰 설화가 피었다. 잔가지 끝까지 맺혀있는 눈꽃은 봄날의 벚꽃이 울고 갈 판이다. 가지의 맨살에 들붙은 눈은 누구도 만들 수 없는 신의 걸작품이다. 짙은 녹색의 삼나무도 백색에 대비되어 퇴색한 녹색을 놓아버리고 검은색으로 흡수되어 온통 흑백의 세상이 된다.

키 낮은 사과나무가 많아지는 걸 보니 아오모리에 가까워졌나 보다. 사과나무에 앉은 눈꽃은 날개를 펴고 비상하는 학의 날개다. 어깨를 맞대고 지켜온 그들의 전통과 맛의 역사를 굳건히 지키고 있다. 현립미술관에 도착하여 아무도 밟지 않은 눈길에 기어이 발자국을 남기며 들어간다. 출발하면서 잠시 들렀던 안도 다다오의 스승인 갱코가 설계한 휴게소와 함께 오늘은 문화체험의 날이다. 샤갈의 거대한 대작이 지하 전시실에 걸렸다. 실제로 무대의 배경으로 제작된 샤갈의 작품 앞에 작은 점처럼 앉아본다. 빌려왔다는 4막의 배경그림이 아주 강렬하게 와 닿는다. 알지 못하는 작가들의 작품들을 내 인식의 테두리 안에서 쓱 훑어 지난다. 함박눈을 맞으며 눈을 내리 깔고 앉아있는 거대한 개 작품 앞에 선다. 머리에 하얀 눈을 소복하게 이고 세상 근심을 혼자 다 하는 듯 관객과 눈을 맞추지 못하고 고개를 숙이고 있다.

창밖에는 함박눈이 어지럽게 춤을 춘다. 벽을 배경으로 설치 미술의 한 장면인 듯, 어지럽게 흩날리는 눈발도 작품 속으로 들어온다.

반짝반짝 빛나는 고운 눈가루를 손으로 덥석 쥐어도 보고 입으로 먹어도 보고 벌렁 누워도 보면서 미술관을 나선다. 고 작은 눈발이 사뿐사뿐 내리고 쌓여 온 세상을 덮는데 걸린, 순간일 수 있는 영원한 시간에 하나의 점으로 스며든다. 오염된 도로변의 눈은 이미 누렇게 볼품없이 질척거린다. 스시와 따뜻한 축하주를 기분 좋게 먹고 마시며 또 한 끼를 행복하게 건넌다.

아오모리의 수산시장으로 향한다. 장소도 시스템도 세월 따라 많이 변했다. 한 바퀴 돌아 눈으로만 맛보고 쇼핑센타로 가서 잠시 쇼핑을 즐긴다.

스카유온천을 향해 출발한다. 차바퀴에 감긴 체인을 보니 눈길을 달릴 모양이다. 해발고도 700미터에 있는 400년 전통의 유황온천인 스카유온천으로 가는 길 또한 완전 예술이다. 깊은 산속에 있는 스카유온천은 일본의 유명한 만화영화 '센과 이치로'의 모델이 된 곳이란다. 1000명이 한꺼번에 입욕할 수 있는 대욕장도 있다니 규모가 짐작이 안 된다. 현지인들도 치유의 목적으로 찾아드는 전통의 스카유온천으로 가는 길의 설경도 대단하다. 솜덩이에 파묻힌 몇 개의 가지만 훑어도 이불 몇 채는 넉넉히 만들고도 남겠다. 허연 거품을 뒤집어쓰고 때를 씻고 있는 것일까. 벗겨낼 때가 있기나 할까. 세파에 오염된 인간도 저 눈구덩이에 뒹굴고 나면 깨끗이 씻겨지려나. 새하얀 순백의 세상에 빠져든다.

스카유온천의 입구에는 길을 트기 위해 밀려난 눈더미가 산을 이룬다. 얼마나 눈이 많이 오면 이럴까. 상상 초월의 볼거리다. 처음의 작은 온천에 덧달아낸 건물이 이어지고 넓어져 미로 같은 숙소의 내부를 찾아다니면서 특별한 경험을 한다. 짙은 연기로 바로 옆의 사람도 못 알아볼 정도의 혼탕에서 즐거운 온천 놀이 추억을 만든다.

4일 - 하꼬데산 로프웨이 수빙몬스터

스카유온천의 아침이 상쾌하다. 새벽 목욕과 뷔페 식사 후 아이젠을 신고 근처 산책을 나선다. 집채보다 더 큰 눈더미가 길에서 밀려나 산속의 산을 이룬다. 관광객과 스키어들이 밀려든다. 절단된 빙벽의 단면이 키를 넘는다. 빙벽에 갇힌 나뭇가지들이 툭툭 불거져 나와 눈길을 끈다. 애절한 구원의 손길을 뻗는 수인의 손 같다. 속절없이 갇힌 잔가지들, 어쩌면 눈 속이 더 포근할지도 모를 일. 절단된 빙벽 사이를 걸으며 친구들은 또 하나의 추억을 사진으로 담는다. 오염된 지구의 얼룩을 하얗게 덮어 주고 싶은 신의 뜻일까. 인간들이 기어이 눈을 밀치고 설국으로 파고든다. 이곳은 관광객보다 아픈 몸을 치유하고픈 목적으로 스스로 끼니를 해결하면서 몇 개월씩 묵으면서 머무는 이가 더 많은 것 같다. 그들의 소망대로 치유가 되면 좋겠다.

9시 체크아웃이다. 캐리어를 신고 스가유온천 숙소를 떠나 근처의 로프웨이로 간다. 스키어들의 긴 대열에 합류하여 꼬리를 잇는다. 이런 세상이 있는 줄을 전혀 몰랐으니 그저 감탄사만 연발할 뿐이다. 지금 하꼬데 산으로 오르는 저들은 정해진 코스 없이 자유 활강을 한단다. 바쁘게 오르내리는 로프를 타고 산으로 오른다. 밑에선 보지 못했던 또 다른 설경에 탄성을 쏟으며 창가에 바싹 붙는다.

영화 '하꼬다산'의 촬영지로 유명한 곳이다. 러일 전쟁 때 파견할 군사들의 지옥 훈련을 위해 하꼬다산으로 들어온 190명이 리더의 오판으로 한 명도 남김없이 다 죽게 된 실화를 바탕으로 만든 영화다. 지도자의 역할이 얼마나 중요한지 일깨워준다. 로프를 타고 국경을 넘는다. 아무런 서류도 없이 설국으로 들어선다. 다소곳이 고개 숙여 설국의 입국을 환영하는 수빙들이 산의 정상을 향해 도열해있다.

입국자를 환영하는 국경수비대의 엄숙한 도열인가 수빙들이 우뚝우뚝 서 있다. 침묵의 구도자처럼 정상을 향하여 뚜벅뚜벅 오르고 있는 것일까. 눈을 덮어쓰고 그대로 얼어붙기를 반복한 결과 형성되는 수빙을 처음 만난다. 나무의 형체는 이미 알아볼 수 없고 나무를 뼈대로 형성된 수빙에게 수빙맨, 수빙몬스터라 이름을 붙인다. 얼음 갑옷으로 숨도 못 쉴 것 같은데 뿌리로 숨을 쉬고 체온처럼 나무도 체온이 있어 그 열기로 주변의 눈을 녹여 동그랗게 구덕을 파고 있단다. 정말 신기한 자연의 섭리가 아닐 수 없다. 수빙이 오히려 칼바람 추위를 막아주고 나무를 보호한다니 신기하고 놀랍다.

설국으로 찾아드는 순례자처럼 신비롭고 눈부신 절경에 비틀거린다. 찬바람이 부는 산꼭대기에서 푹푹 빠지는 눈밭을 헤치고 시린 손 호호 불며 폰에 추억을 담느라 정신이 없다. 생애 첫 경험의 수준 높은 신비한 설경을 어디서 또 볼 수 있으랴. 설화 설빙 설국도 수준이 다르다. 품격 높은 눈의 나라에서 다시 국경을 넘어서 내려오니 어제 탄성을 질렀던 눈의 절벽은 이미 시시하다.

스시 정식을 먹고 한 시간 50분을 동쪽으로 달린다. 계곡을 따라 흐르는 물길을 만난다. 얼음장 밑으로 조용히 흐르는 겨울의 계곡물이 아니다. 겨울에도 얼지 않는 도와다 호수의 물길인데 같은 하꼬다 산 자락이라는 것이 믿기지 않는다. 산 정상과 산 아래의 차이가 현저하게 다르다. 눈이 막아놓은 길을 넘지 못하고 빙 둘러 다시 하꼬데산 자락으로 들어선다. 오이러세 계류 호텔에 닿는다. 녹색을 되찾은 숲이 보이는 또 다른 설경이지만 창가의 뾰족한 고드름이 아직 봄이 멀었음을 말해준다.

5일 - 떠나는 날

숲 속의 현대식 호텔에서 여행의 마지막을 즐긴다. 로비의 원형 쉼터에 불을 피우고 빙 둘러앉아 차를 마시고 조용히 담소를 나누는 분위기가 참 좋다. 사과의 고장답게 사과 그림으로 벽면을 장식한 선물가게에서 주섬주섬 선물도 사고 여행 가방의 지퍼를 올린다. 조용히 아침을 맞이한다. 10시 20분 오이라세 계류 호텔을 출발하는 버스에 오른다. 올 때의 역순으로 다시 돌아가는 일정이다. 하치노혜역에서 신칸센 하야부사를 타고 동경으로, 다시 나리따 엑스프레스로 공항으로 간다.

일행은 겨울에 왔다가 봄에 돌아가는 철새처럼 한껏 날아올랐던 날개를 접는다. 아침 산책길에 들었던 우렁찬 계곡의 물소리가 귓가에서 흐른다. 봄을 전하는 나팔소리인가. 나뭇가지의 잔설이 후두둑다 떨어지고 다시 나목으로 서 있는 너도밤나무들. 머잖아 꽃 같은 새순이 움트리라. 계류에 하얀 잔설을 이고 앉은 돌들이 모찌 떡 같았다. 하나 건져 먹고 갈까. 블랙아이스 미끄럼을 피해 올라선 눈길, 사각사각 사과 깨무는 소리가 난다. 뽀드득뽀드득 소리 내는 눈길이 아니다. 살짝 언 눈길의 소리도 맛난 산책길. 여기가 사과의 고장 아오모리임을 상기시킨다. 봄이 코앞에서 아른거린다 하얀 겨울 갑옷을 걸치고 있던 삼나무 숲이 짙은 녹색을 되찾고 잔가지 끝까지 발그레한 물길이 흐른다. 들판은 아직 하얀 눈을 덮고 겨울잠에 빠져있는데 길가의 잔설 무더기는 패잔병 같이 질펀하게 사그라들고 있다.

  버스 안은 무사히 여행을 마치고 귀환하는 안도감이 음악을 타고 흐른다. 친절하고 정성을 다해 우릴 안내하신 안 대표님께 감사하고, 좋은 날씨 주신 주님께도 감사하고, 건강하게 웃으며 함께한 친구가 있어 감사하고, 온통 감사 열매를 주렁주렁 가슴에 달고 귀로에 선다. 가장 인상깊고 좋았던 것을 묻는다. 먼저 떠오른 것이 하꼬다산 정상의 수빙이다. 왠만한 설경은 설경도 아니라고 감히 말할 수 있는 정말 아찔한 설국의 절경이었다.

  오래 기억될 것 같다. 가와바다 야스나리가 "국경을 지나 터널을 빠져 나오니 설국이었다"는 말이 다시 생각난다. 여권 검색없는 설국으로, 로프웨이를 타고 섬나라 안의 또다른 신세계인 설국의 국경을 넘나든 게 아닌가. 앞으로 우린 또 얼마나 많이 국경을 넘나들 것인가. 한나절의 여행 같은 인생의 뒤안길 그 언저리에서 미처 내가 가지 못한 길에 대한 미련인지 더욱 여행에 갈증이 인다. 좋은 인연들과 또 다른 여행길에 오를 꿈을 안고 행복하게 국경을 향해 달린다.

불과 얼음의 땅 아이슬란드

　아이슬란드 여행은 생태환경체험의 여행이다. 지구 어디에서도 볼 수 없는, 인간의 손이 미치지 못한 장엄하고 신비스러운 자연의 모습을 보러 간다. 짧은 시간 안에 다 볼 수도 없을 뿐만 아니라 몇 컷의 사진으로도 설명하기 어렵다. '직접 가서 봐라.'고 말할 수밖에 없다. 허겁지겁 눈에 넣고 온 일부나마 내가 보고 느낀 그대로 기억 속에 쟁여두고자 일정별로 정리해 본다.
　출발하는 토요일 오후 7시에 인천공항 집결이다. 인천에서 21시 45분에 출발하여 헬싱키에 05시 30분 도착, 2시간 후에 환승하여 3시간 반을 날아서 아이슬란드 케플라비크 공항에 08시 35분에 도착하였다. 러시아와 우크라이나 전쟁 영향으로 비행시간이 더 길어졌다. 지구의 자전 방향과 반대로 가기 때문에 한국시간으로 토요일 밤

---

* 2023.6.24.~7.3. : 9박 10일

에 출발하여 약 18시간 비행을 해도 일요일 아침이다. 9시간의 시차만큼 시간을 번 셈이다. 비행장 출구 쪽에서 모두는 대형가방을 풀어 헤치고 여름이라도 겨울 같은 날씨에 알맞은 옷으로 갈아입느라 부산하다. 첫날의 여행을 바로 시작한다. 일주일간 섬을 한 바퀴 도는 일정이다.

여행 1일차 (6월 25일 일요일) - 블루라군과 남부 폭포

　공항 문을 열고 나오니 쌀쌀한 날씨가 신선하다. 알 같은 조각품과 무지개 형상의 조형물이 눈에 들어온다. 고층 빌딩이 없는 수도의 공항 풍경이 순박하다. 숲이 없는 산, 화장기 없는 산의 민낯에 감탄한다. 제주의 곶자왈 같은, 이끼와 석화 낀 거친 돌들이 광야를 덮고 있다. 이끼 낀 돌 틈을 비집고 세력을 넓힌 루피너스가 온통 보라 색 미소로 반긴다. 루피너스의 득세를 어디서 볼 수 있으랴. 지열을 이용한 전력 생산이 풍부하단다. 값싼 전력을 이용한 알루미늄 제련 공장이 눈에 띈다.
　블루라군! 밀키스 같은 하늘색 물이 신비롭다. 구름 잔뜩 낀 하늘에서 사라진 파란색이 물로 내려앉았나. 흰색 물질과 섞여져 투명성은 잃어도 수온은 적당하다. 흰 머드팩, 물속에서 마시는 주스, 어린 애처럼 신기해하며 신나게 휘젓고 다닌다. 세계테마기행의 주인공이 된다. 지표면으로부터 2km 아래에서 끌어올린 240°C의 뜨거운 물로 한 쪽에서는 전기를 생산하고 한 쪽에서는 담수를 데운다고 한다.

이런 공정을 거치는 동안 알맞은 온도가 된 물을 한곳으로 모아 만든 것이 '블루라군'이란다. 실리카, 소금 기타 광물이 풍부하여 피부에도 굉장히 좋고 여행의 피로를 풀기에 안성맞춤인 곳이다. 세상 어디에도 없는 하늘색 풀장에서 비를 맞으며 위는 시원하고 아래는 따뜻한, 요상한 세상에 푹 빠진다. 아주 특별한 경험을 보듬고 비에 젖어 촉촉한 돌담길을 걸어 서둘러 차로 간다.

점심을 먹은 음식점 앞의 게 조각품으로 봐서 유명한 맛집 같은데 짜고 느리게 나오는 게 튀김 요리가 인내심을 요구한다. 입구의 사진에 눈길이 간다. 작년에 폭발한 화산의 붉은 용암이 치솟는 모습을 바로 이곳에서 찍은 사진이란다. 불의 땅이라는 말이 실감난다.

카페트 같은 이끼가 산을 타고 오르는 절경이 따라온다. 지평선과 수평선이 평행선을 달린다. 맨 처음, 산이 만들어질 때의 원시적인 모습이 이런 모습이었까. 분출되어 세상 밖으로 나온 뿔난 원소들의 붉은 액체가 한 덩어리로 응고된 본연의 모습이 눈앞에서 펼쳐진다. 벌겋게 헐떡이던 용암이 슬그머니 분을 삭힐 때쯤 처음 손을 내밀고 보듬어 준 이끼가 양탄자처럼 보드랍다. 까만 해안선이 내려다보이는 거친 암석의 언덕 앞에 발길을 멈춘다. 바람이 차다. 거친 돌밭의 이끼 사이에 뿌리를 내리고 피어난 앙증맞게 작은 야생화가 대견스럽고 예쁘다.

폭포 천국이다. 달리는 곳곳에서 눈에 들어오는 이름 없는 폭포들을 '잔채기 폭포'라고 명명하며 제일 먼저 '우리다 폭포'라는 이름이 있는 제법 큰 폭포에 닿는다. 깊은 산속에나 있을 법한 웅장한 폭포가 그냥 길가에서 너무 쉽게 다가갈 수 있는 것도 신기하다. 비가 내리는데 폭포 근처 바위틈에 옹기종기 모여있는 양 떼에 눈이 간다. 폭포 물이 흘러가는 길 따라 만개한 노란색 미나리아제비 꽃도 장관이다. 비옷을 입고 '글루가 폭포'를 보고 폭포수 뒤를 돌아 나오는 '셀랴란즈 폭포'를 차례로 구경하고 오늘 일정의 마지막인 '스코가 폭포'에 닿는다.

 스코가 폭포 바로 앞 숙소에 긴 하루를 풀어놓는다. 해가 지지 않는 백야의 시간 속에서 첫 경험 아닌 것이 없는 아주 특별하고 긴 하루였다. 오면서 보았던 각각의 폭포와 비슷한 듯 또 다른 품격의 폭포 앞 숙소라니 최고를 지향하는 전대표의 진실한 마음에 감동한다. 사방 천지에 초록 카펫을 깔아놓은 그림 같은 풍경을 보면서 포크와 나이프를 들고 우아한 디너를 즐긴다. 산을 타고 오르는 초록 물결, 따라가는 시선에 하얀 양들이 점점이 박혔다. 열심히 풀을 뜯는 양, 그 양의 새끼 고기를 와인과 함께 맛나게 먹는다. 이 먼 곳까지 날아와 아득한 태초의 산을 먹고 있는 게 아닌가. 다시 인간은 흙이 되어 저 산으로 돌아갈 것을. 생성과 소멸이 실감나게 펼쳐지는, 가늠할 수 없는 거대하고 장엄한 대자연 앞에서 한 점의 풀잎 같은 존재가 아닌가. 주는 만큼 먹고 비 오면 비 맞는 양처럼, 대자연 앞에서 참으로 양 같이 살 일이다.

2일차 (6월 26일 월요일) - 스코가 폭포, 디르홀레이, 레이니스피아라, 비크, 빙하지역

날씨가 화창하다. 스코가 폭포는 여전히 하얀 커튼을 드리우고 숨겨둔 보물을 지키고 있는 듯, 룸메이트 선배와 스코가 폭포 물줄기를 역으로 오르며 서로를 풀어놓는다. 스코가 폭포를 배경으로 일행은 둥글게 서서 국민체조를 하고 길을 나선다. 오늘은 또 어떤 풍경이 펼쳐질지 가슴이 설렌다.

'퍼핀'이라는 여름 철새를 만나러 검은 해변으로 간다. 바람이 세다. 디르홀레이 절벽 위는 바람의 언덕이다. 천길 낭떠러지 틈새에 아찔하게 둥지를 틀고 앉은 작은 새 퍼핀을 보기 위해 꽤 많은 사람이 앵글을 갖다 댄다. 노란 주둥이가 특징인 작고 예쁜 새가 귀한 몸을 살짝 보여준다.

직선을 품은 곡선의 흑사장 해변이 끝도 없이 길게 늘어졌다. 하얀 파도가 핥고 있는 풍경은 짙푸른 바다와 검은 모래와 하얀 파도가 그려내는 완벽한 색의 조화에 한 폭의 그림이 된다. 코를 바다에 박은 채 돌이 된 커다란 어미 코끼리 옆에 작은 코끼리가 돌이 되어 꼼짝도 못하고 서 있다. 무슨 사연으로 바다에 발이 묶이고 말았는지 전설 같은 이야기가 나올 만하지 않은가. 신의 작품 앞에 할 말을 잃는다.

레이니스피아라 검은 모래 해변으로 내려간다. 촛대 모양이라기보다 하늘을 향해 타오르는 불꽃 같은 바위를 가까이 보러 가는데 주상절리 동굴이 아가리를 벌리고 있다. 질서정연한 육각기둥이 곧게 세워지고 포개지고 부채꼴로 펼쳐져 거대한 산을 이루고 있다. 얇은 녹색의 벨벳 표피를 들추면 온 산이 저런 질서를 품고 있겠지. 이곳도 TV 화면으로 보았던 곳이다. 굵은 육각기둥을 타고 올라 온갖 포즈로 사진을 찍는다. 목이 아프도록 고개를 젖히고 보고 또 봐도 신기할 뿐이다. 최남단 마을 비크의 작은 교회를 지나 루핀 꽃 속에 잠시 파묻힌다. 온통 이끼로 덮혀 토양도 귀한 언덕에 루핀 꽃은 어쩜 그리도 풍성하게 피었는지 여전히 신기하다.

샤크길로 향한다. 발길 뜸한 철저한 오지의 계곡을 파고드는 전대장님 취향 덕분에 귀한 경험을 한다. 단체 여행객은 쉬 갈 수도 없고, 가지 않는 길이다. 온통 자갈돌과 이끼의 세상 속으로 구불구불 파고든다. 이끼가 차지한 암석에 작은 꽃이 기어이 끼어들어 강인한 생명력을 꽃피우고 있다. 고개 들어 상어 이빨 같은 뾰족한 바위를 보느라 목이 아플 지경인데 발밑의 작고 예쁜 꽃들도 눈길을 잡아당긴다. 기괴한 바위의 형상에 주렁주렁 이름표도 붙이고 전설도 만들어 걸어주느라 이리저리 바쁜데. 앙증맞은 꽃들, 보는 이 없어도 혼자 피어난 고 작은 꽃들에 감탄한다. 발을 이고 가고 싶을 만큼 한 발 내딛기가 망설여진다. 누가 언제 이 작은 꽃씨를 뿌려놨을까. 요동치는 땅덩어리에 붉은 용암이 흐르고 식어가는 틈새에 도대체 어디서 어떻게 끼어든 생명일까. 크지 않아도 충분해. 점보다 작은 존재로 거대한 생성을 뛰어넘는 강인한 생명력! 내 비록 미약하지만 지구상에 오늘 존재하는 기쁨과 감사를 작은 꽃에게서 위로를 받는다. 거친 바위의 살점이 비바람에 뜯겨나와 만들어진 한 줌 토양에 빠듯하게 뿌리내리고 꽃피우는 작은 꽃들 앞에 내 지난 삶의 고통은 먼지만도 못한 것이었구나. 아프다고 힘들다고 끙끙대며 살아 온 세월이 작은 꽃들 앞에서 바람같이 사라진다. 소리 없이 순명하고 꽃의 영광을 조용히 피워낸 작은 꽃의 삶에 그저 감사할 뿐이다.

비아드라우르 계곡이다. 눈을 감고 가까이 가서 짜잔! 하고 놀라게 하고 싶은 절경이 나타난다. 넘어온 구릉지 사이에 놀라운 비경이 숨어있었다. 쩍 벌어진 살점 사이로 굵은 뼈마디를 송두리째 드러내고 있다. 자연의 거대한 힘 앞에 속수무책으로 찢겨진 고통, 속살 깊은 곳에서 우러나오는 핏물을 삭히고 보듬은 인고의 세월이다. 다시 맑은 생명의 젖줄로 걸러낸 피 같은 물이 힘차게 흘러내린다. 대지의 용틀임으로 갈라지고 뒤틀린 거친 암석 덩어리를 도닥도닥 다듬어 어머니의 품 같은 대지가 그렇게 만들어지고 있다.

빙하! 저 거대한 얼음덩어리가 흐르고 있다니 믿기지 않는다. 꽁꽁 얼어붙어 마비된 심장은 꼼짝달싹도 하지 않을 줄 알았는데 느릿한 발걸음으로 하늘의 이치에 순응하고 있었던 게다. 축적된 한의 무게처럼 무겁게 긁고 쓸어 안고 멈춘 듯 멈추지 못하는 육중한 힘 앞에 뉘라서 고개 숙이지 않겠는가. 빙하의 끝을 막아서는 것은 제 살 녹여 만든 부드러운 물길이다. 추측으로 가늠할 뿐인 몇 만 년 억겁의 굳은 원한도 물이 되어 녹아내리는 자연의 섭리가 아닌가. 인간사 짧은 생을 살면서 가슴에 묻어둘 찌꺼기 같은 한이 뭐 있겠는가. 빙하의 세월 앞에 고까짓 한 줌 재만도 못 되는 걱정이고 고민이고 원망인 것을. 시커먼 화산재를 줄무늬처럼 껴안고 흐르는 빙하의 끝점에 서서 둥둥 떠도는 빙하의 마지막 안온함을 본다. 껴안고 살아 온 갖은 시름들, 얼룩진 빙하에 얹어 그렇게 녹여버릴 일이다. 딱딱하게 치 세웠던 세상일이라는 게 아무짝에도 소용없는 일이 아닌가. 결국에는 따뜻한 사랑인 것을. 이 머나먼 빙하의 땅으로 이끌어 주고 빙하의 마지막 앞에 세워주신 주님께 속 깊은 울음으로 감사드린다. 늘어나는 관광객을 수용할 숙소가 귀하다. 농가의 창고를 개조하여 만든 게스트하우스 바그니스타디르에 여장을 푼다.

3일차 (6월 27일 화요일) - 빙하트레킹, 피얄살론, 요쿨살론, 세이디스피요르드

　오늘은 빙하의 날이다. 게스트하우스 주변의 흐드러지게 피어있는 미나리아재비가 유난히 아름답다. 창고를 개조한 숙박시설로 허름한 농가의 하루 수입이 수천만 원이라니 놀랍다. 실밥 같은 물줄기가 굵은 산 곳곳에서 줄줄이 흘러내린다. 초원에 코를 박고 먹는 일에만 열심인 양들이 평화로운 풍경을 그린다. 양처럼 살자고 말하는 이곳 사람들이다. 산봉우리 사이로 흘러내리는 빙하가 점점 크게 보이는 곳으로 달려간다.

　요쿨살론에 닿는다. 빙하의 걸음을 멈추게 하는 빙하의 마지막을 받아주는 거대한 호수다. 기후변화로 빙하의 녹는 속도가 빨라지면서 깊이가 250미터나 되는 아이슬란드에서 가장 깊은 호수가 되었단다.

어제 보았던 빙하는 그야말로 맛보기 잔챙이 빙하에 불과했다. 계곡을 감싸고 흘러내리는 거대한 대빙하가 장관이다. 고무보트를 타고 유빙을 보러 간다. 보온을 겸한 방수용 옷을 받아서 입고 어기적거리며 걷는 모습이 로보캅 같다. 거대한 몸체에서 떨어져 나와 유유히 떠도는 유빙들 사이로 보트를 타고 천천히 다가간다. 가늠할 수 없는 오랜 시간이 응축된 대빙하의 마지막을 본다. 쉬 떠날 수 없어 떠도는 빙하의 푸른 조각들, 점점 작아지는 옥빛 빙하의 조각들이 눈부시게 아름답다. 탄성이 절로 나오는 자연의 작품이다. 호수를 떠돌며 점점 몸체를 줄인 빙하는 결국 바다로 사라진다.

변덕스러운 날씨가 발길을 잡는다. 이곳 사람들에겐 일상인 돌풍과 거센 비바람이 결국 빙하트레킹을 허락하지 않는다. 비만 왕창 맞고 포기했다. 때로 포기할 줄도 알아야 하고 거대한 자연의 힘 앞에 무리하게 맞설 필요가 없는 것이다. 이 거친 날씨 속에서 비바람 광풍과 맞서 뿌리 내린 이곳 아이슬란드 사람들의 삶이 경이롭게 다가온다.

아이슬란드 동부 해안도로를 달려 세이디스피요르드 마을로 이동한다. 영화 '월터미티의 상상은 현실이 된다.'의 배경이 된 아름답고 작은 마을이다. 오래된 목조 건물로 많은 인원을 한꺼번에 수용할 수 없어 두 곳으로 나누어 투숙한다. 점심을 먹으면서 A와 S가 적힌 쪽지로 숙소를 정하고 마을에 도착해보니 정말 동화 속의 소인국 마을 같다. 오래된 목조 건물의 좁은 방에 들어서니 작은 침대가 놀랍다. 키 큰 바이킹의 후예들이 어떻게 잠을 자고 생활을 했을까. 웅크리고 잠을 자면서도 딱 필요한 공간만으로 작게 집을 짓는 그들이다. 자연에 순응하며 겸손하게 살아가는 검소한 모습에 다시 놀란다.

4일차 (6월 28일 수요일) - 세이디스 피요르드, 데티포스, 흐베르리, 미바튼 온천

　호수 같은 바닷가 작은 마을, 두 곳으로 나누어 여장을 풀었던 낮 같은 밤을 지내고 다시 출발한다. 미니어처 같은 작고 귀여운 집들 사이로 거센 바람이 스친다. 고요한 아침의 풍경을 사진에 담고 바람처럼 한 바퀴 돌아 작별을 고한다. 마트에 들러 각자 점심을 사고 광활한 벌판을 달려 북으로 간다. 동쪽의 피요르드 지형을 온종일 달려 북쪽의 미바튼 호수를 지나 고다포스 근처까지 갈 긴 여정을 시작한다.
　물이 많은 나라답게 얼음이 녹아 온 산의 곳곳에서 실개천 같은 물줄기가 흘러내린다. 실오라기 같다. 산 정상에서 타고 내려온 물줄기 몇 개 모여 뚝딱 폭포가 된다. 산상의 호수가 아름답다. 겨울이면 얼고 눈이 내려 길을 잃게 만든단다.
　달리는 내내 양쪽의 시야를 사로잡는 고산 평원이다. 평퍼짐한 산이 지평선을 이룬다. 해발 7~800m에 펼쳐지는 대평원 사이로 목이 아프도록 좌우로 고개를 돌리며 달리고 또 달린다. 발원지가 어디인지 모를 물길이 조용히 낮은 곳을 향해 흐르고 있다.
　달리는 차 안에서 점심을 먹고 잠시 멈추어 맑은 공기를 마시며 온종일 달려도 피곤한 줄을 못 느낄 만큼 창밖의 풍경이 경이롭다. 한참을 달리다 보니 외계인의 흔적 같은 이상한 돌탑이 나열해 있다. 벽돌 같은 검은 돌로 작은 탑을 쌓은 것이다. 길의 좌우로 방향을 바꾸면서 줄지어 섰다. 민가도 없는 길가에 주변의 암석들과는 다른 돌로 일삼아 쌓아 올린 탑들이다. 과연 누가, 왜, 이런 돌탑을 쌓았을까. 답의 힌트는 굽은 길 좌우로 곧게 일직선을 이룬다데 있다. 눈이 내리면 길은 순식간에 사라지는 곳이란다. 대평원 가운데 말이나 차가 달려가는 눈 속의 길 표시란다. 겨울에는 함부로 접근할 수 없는 길을 지금 우리가 달리고 있는 게 아닌가.

지열발전소에서 내뿜는 연기가 자욱한 언덕을 넘는다. 분화구의 유난히 짙은 파란색 물이 주변의 붉은 대지와 선명한 대조를 이룬다. 뜨거운 김이 솟아나는 곳으로 관광객들 틈에 끼여 가까이 간다. 여기저기에서 솟는 뜨거운 김 사이로 흐릿하게 보이는 사람들의 움직임이 몽환의 세상 같다. 땅 밑에서 이글거리는 불덩어리를 밟고 서 있는 셈이니 참으로 물과 불의 나라인 게다. 치열지대를 지나고 그냥 지나칠 수 없는 폭포 근처에서 잠시 사진을 찍는데 두 팔을 휘저으며 춤을 추게 한다. 햇빛만 반짝 나면 달려드는 파리떼다. '미'는 파리고 '바튼'은 물이란다. 미바튼 호수의 이름을 만든 파리떼지만 워낙 깨끗한 자연에서 서식하기 때문에 파리에 대한 인식도 나쁘지만은 않은 것도 신기하다. '고다포스'는 내일 아침에 보기로 하고 품격있는 고급 호텔에서 만찬을 즐긴다. 호텔 옆의 지하세계 같은 숨은 정원을 한 바퀴 돌고 숙소로 향한다. 저녁 만찬을 한 고급 호텔은 비싸기도 할 뿐만 아니라 예약하기도 힘들단다.

5일차 (6월 29일 목요일) - 고다 포스, 아큐아레리, 스나이페틀레스

역시 축사를 개조해서 만든 호텔이지만 주변 풍경이 그림 같은 호텔에서 아침을 시작한다. 오늘은 섬의 북쪽에서 서쪽으로 700km를 달려갈 계획이란다. 변덕스러운 날씨에 비옷을 입고 미바튼 호수 근처의 데티 포스를 먼저 보고 전설의 포스, 고다 포스로 향한다.

영화 '프로메테우스' 촬영지로 유명한 '데티 포스'다. 강력한 물살을 자랑하는 폭포다. 거친 숨을 몰아서 달려온 물길, 웅장하고 장엄하게 뛰어내린다. 끌고 온 분노는 뛰어내려도 다 내려놓지 못하고 다시 산화되어 안개처럼 연기처럼 피어오른다. 성질 다 죽인 물길이 시치미 뚝 떼고 평화롭게 구불구불 절벽 사이로 유유히 흐른다. 대티 포스로 흘러드는 물길은 고원의 평원을 한가롭게 멈춘 듯 흐르고 있는데 언제 저렇게 큰 힘이 축적되었을까.

신들의 폭포라 불리는 '고다 포스'는 캐나다의 나이아가라 폭포와 비슷한 형상이고 느낌도 닮았다. 11세기에 기독교를 국교로 받아들이는 과정에서 아이슬란드 왕이 자신들이 믿어온 신의 상들을 이 폭포에 던지면서 신이라는 뜻의 '고다포스'라는 이름을 얻게 된 것이다. 폭포수가 흘러가는 양쪽의 길 또한 장관이다. 비켜선 주상절리 절벽이 예술 작품이다. 눈길 가는 끝까지 아득히 펼쳐진다.

아이슬란드 제 2의 도시인 아큐레이리로 향한다. 귀한 숲이 예쁘게 감싸고 있는 아큐레이리, 도시가 잘 보이는 언덕에 선다. 부두에 접안해 있는 거대한 크루즈가 그림 같은 풍경을 그린다. 참 아름다운 항구도시다. 오래된 예쁜 집들이 정갈하고 깔끔하다. 도로의 빨간신호등에 새겨진 하트가 참신하다. 대처로 향하여 꿈을 안고 섬나라를 떠났던 젊은이가 다시 찾아드는 아름다운 도시다. 바람 같이 스쳐 지나가지만 아름다운 도시의 청결하고 맑은 공기를 어찌 잊겠는가.

산을 넘어 끝없는 외길을 달린다. 산의 숲을 헤치고 앞으로만 나아간다. 산과 산이 포개지는 골짜기 사이로 길이 굽어지고 잔설이 만든 물줄기는 갈래갈래 산허리를 타고 내린다. 검은 설산의 잔설이 거대한 범고래 같이 산 물결을 타고 우리를 따른다. 그림 속으로 달릴 뿐 감히 한 컷 담을 수도 없어 꾸역꾸역 눈에 담는다. 신이 만들어 놓은 저 거대한 평원에 조심스럽게 다가가 뿌리내리고 살아가는 인간의 접근법도 대단하지 않은가.

허기진 배를 안고 노스웨스트 식당에 닿는다. 겉보기에 식당 같지 않은 간이 건물 같은데 손님들로 붐빈다. 예약 메일을 스팸 처리해버린 주인장 덕분에 늦은 점심을 먹는다. 시장이 더해져 소금이 보이는 밤톨만 한 감자를 곁들인 소등심 스테이크가 꿀맛이다. 예상하지 못했던 난관에 적응하는 법을 배우는 것도 여행의 묘미다. 소박한 아침 온갖 햄과 치즈로 든든하게 먹고 나왔는데 점심이 맛나다. 아무것도 하지 않고 차 타고 이동하면서 열심히 고개 돌려 좌우 저만치 앞에서 펼쳐지는 새로운 풍경을 눈으로 담는다고 보이지 않은 체력 소모가 많았나 보다.

　산의 모양이 십자가 세운 교회를 닮았다고 붙여진 '교회산'을 보러 간다. 구름의 이동을 살펴보던 대표님의 걱정스러운 예상은 적중했다. 산을 넘는 거대한 회색 구름의 움직임이 심상찮다. 돌풍이 되더니 스멀스멀 덮는다. 무겁게 내려앉은 먹구름이 '교회산'을 허락하지 않는다. 얼마나 먼 길을 달려왔는데, 이 마을의 상징인 '교회산'을 못 봐서 아쉽다. 우리의 방문이 그리도 못마땅한지 너무 춥다. 여름 날씨라고 믿기지 않는다. 눈만 빼꼼 내놓고 칭칭 감고 삼단 폭포만 보고 돌아선다.

　구름 덩어리가 비켜 간 하늘에 햇빛이 찬란하다. 빙하 속에 품고 있던 그 파란 옥빛하늘이 구름 사이로 빼꼼 우리를 내려다본다. 분홍 장식품이 휘날리는 마을의 항구에 닿는다. 바이킹 생맥주가 맛있는 식당으로 들어간다. 대구요리와 양고기 요리 중, 결정 장애로 고민하며 어제 주문해놓은 식당이다. 단체객들에게 주어지지 않는 자유 선택에 대구요리로 변경하여 짜지 않은 생선요리를 맛있게 먹는다. 포크가 슬쩍 건너간 옆 접시의 양고기도 맛있다.

　어둠이 없는 이곳이 아닌가, 돌다리를 보러 또 달린다. 바닷가로 앞서가는 대장님. 하나라도 놓치지 않고 보여주고 싶은 마음이 급하다. 돌다리는 보이지 않고 자꾸만 바다로 향해 간다. 이끼와 잡초가 덮힌 바닷가 앞에 푹 파진 구멍 아래로 돌다리가 만들어져있다. 아슬한 돌다리 아래로 검푸른 물결이 넘실거리고 줄지어 서 있는 주상절리 돌기둥마다 갈매기들이 떼지어 앉았다. 바다에서 본다면 아치형

돌다리 안으로 파인 구멍 뚫린 동굴이겠지. 뚝뚝 떨어져 나앉은 바위섬들. 장작더미처럼 포개놓은 주상절리가 눈에 들어온다. 정말 신기하다.

산이라고 이름 붙이기 전의 단계다. 거대한 덩어리가 좌우로 버티고 섰다. 줄줄이 흘러내리는 작은 물줄기들이 언젠가는 뾰족한 산을 만들겠지. 천지를 뒤흔드는 용틀임으로 덩어리가 쪼개지고 비바람 물줄기가 합세하여 산으로 다듬어 가리라. 섬의 서북쪽을 돌고 돌아 수도 레이캬비크 근처로 다가가는 길목의 숙소로 찾아든다. 여전히 축사를 개조한 것 같은 작은 건물이다. 산이고 들판이고 너무 광활한 배경 속에 점 같이 작은 건물이지만 크게 짓지 않는 이들의 근검절약 정신이 느껴진다. 사막 가운데의 천막 같은 숙소가 연상되자 문득 예수님이 태어난 말 마굿간이 생각난다.

6일차 (6월 30일 금요일) - 골든서클(싱크베틀리 국립공원, 게이사르, 굴포스), 시크릿 온천

암막 커튼이 없는 출입문 때문에 어둠이 사라진 환한 밤을 보냈다. 피곤이 낮 같은 밤도 무사히 잠재운다. 곯아떨어졌다가 본능적으로 아침의 시간을 알아차리고 잠에서 깬다. 오늘은 아이슬란드 여행에서 빠지지 않는 싱크베틀리 국립공원과 간헐천 게이사르와 굴포스를 보고 최초의 상업 온천이었던 시크릿 온천을 마지막으로 수도 레이캬비크 관광을 할 계획이다. 오늘의 일정도 만만하지 않다.

태양의 힘을 실감한다. 미친 듯이 추웠던 어제는 지나간 대로 두고 햇살 고운 들판을 달린다. 구름과 원색의 파란 하늘이 넓은 종이에 멋진 그림을 그린다. 새도 감히 높이 날아오르지 못하는 거대한 작품의 하늘이다. 먼데 설산을 배경으로 루핀 꽃밭에서 열심히 사진을 찍는다. 그래봤자 한 조각밖에 담을 수 없는 것을. 지평선 너머 수평선이 나란히 달린다. 손을 뻗으면 닿을 것 같은 얕은 먹구름 조각과 흰 구름과 빛나는 햇살이 그려내는 하늘의 풍경이 장관이다. 높은 산 앞에 펼쳐진 초록 들판에 빨간 지붕의 외딴 건물이 너무 예뻐 사진에 담으니 점일 뿐이다.

　수억 년 세월 앞에 보이는 것은 모두 압화처럼 납작 엎드린 찰나의 순간에 불과하다. 작은 교회가 풀숲에 파묻힌 양 한 마리처럼 멀리 그림으로 콕 앉았다. 목사도 겸업을 해야 할 만큼 크지 않은 교회다. 대자연 앞에서 겸손해지지 않을 리 없으니 자신을 낮추고 서로 사랑하라는 진리를 굳이 작은 건물 안에 들앉아 듣지 않아도 대평원 거대한 산 어디에서도 신을 만나지 않겠는가. 어디선가 뿜어 놓은 용암이 들판 가득 덮치고, 살며시 접근한 이끼가 덮고 있어도 되직한 반죽이 뚝뚝 끊어진 듯한 형체 그대로의 용암 들판이 또 펼쳐진다. 거대한 덩어리의 꼭대기 평평한 산이 연둣빛 치맛자락을 허리춤에 걸치고 있다. 갈래갈래 물길이 지난 자리의 초록 이끼와 풀이 만든 주름치마 같다.

　둥글게 서 있는 사람들의 시선이 집중된 가운데에서 갑자기 솟아오르는 물기둥, 간헐천 게이사르다. 힘차게 뿜어 올리는 순간 '와'하는 탄성이 쏟아진다. 물기둥 높이와 간격이 일정하지 않아 계속 발길을 붙잡는다. 시간 가는 줄 모르고 보고 있다가 서둘러 일행을 따른다. 정말 신기하다.

유라시아판과 아메리카판이 벌어지는 싱크베틀리 국립공원 보호구역은 유네스코세계문화유산으로 지정된 공원이다. 천 년 전 세계 최초의 민중회의가 열렸던 장소란다. 사진으로 보았던 대통령의 여름 별장이 그림처럼 아름답다. 지금도 갈라지고 있는 판의 틈새에 이끼와 풀이 자라고 그 계곡 같은 틈새를 걷는다. 카페트를 깔아놓은 것처럼 폭신한 이끼가 덮힌 길이다. 지구 표피의 거대한 두 지각판이 쪼개어 갈라지는 틈새에 끼어든 이끼류와 베리류다. 암석에 낮은 자세로 접근하여 생을 붙잡고 살아가는 최초의 생산자 녹색식물, 까만 돌과 환상적이다.

아이슬란드 최대 규모의 굴포스는 황금폭포라는 명칭에 걸맞는 거대한 3단 폭포다. 웅장한 규모와 쏟아져 내리는 수량에 말문이 닫힌다. 댐 건설을 계획했다가 투신을 불사하며 막아낸 소녀로 인해 지켜진 아이스란드의 대표 관광지 굴포스다.

대를 이어 운영하는 유명한 햄버거 가게에서 점심을 먹는다. 말 사육장 냄새가 진동하는데 수제 아이스크림 때문에 사람들이 줄을 서는 맛집이란다. 긴 기다림 끝에 자리 잡은 식당의 이층에서 식사를 하고 내려와 아이스크림을 들고 앉는데 축사에서 먹이를 먹고 있던 말과 눈이 마주친다. 말보다 우리가 더 놀란다.

섬을 한 바퀴 돌아 수도 레이캬비크로 돌아왔다. 여행의 마지막을 보낼 중심가의 호텔에 짐을 풀고 시내 관광을 나간다. 수없이 보았던 주상절리 형상으로 설계하여 지어진 유명한 교회가 우뚝 솟았다. 광장 앞에 어김없이 동상이 서 있고 예약해둔 고급레스토랑에는 불금을 보내는 현지인들로 장사진을 이룬다. 여행객들은 쉽게 갈 수 없는 식당이라는데 대표님의 오래된 친분으로 예약이 가능했던 레스토랑이다. 지하에서 거룩한 코스요리를 즐긴다. 나오는 대로 접시를 핥는 이쪽과는 반대로 일부 일행은 거의 먹지를 못하는 호불호가 나뉘는 식단이었다.

7일차 (7월 1일 토요일) - 하우이 포스, 란드만날로이가 여행과 트레킹

  트레킹을 하는 날이다. 햇빛이 반짝이는 화창한 날이 오랜만인 것 같아 반갑다. 여름인데 아직 연두의 봄이다. 연두와 카키색의 이끼가 용암 들판을 덮고 있다. 높고 넓적한 덩어리 산의 허리를 타고 오른다. 지열 발전소의 뽀얀 연기가 바람 없어도 비스듬히 피어오른다. 이끼 덮힌 용암이 꿈틀거리는 동물의 머리 같다. 해안가의 물개 떼가 일제히 고개를 들고 우리를 향해 달려오는 듯하다.
  날씨가 너무 좋은 관계로 란드만날로이가로 바로 가지 않고 여기저기 들러서 더 많은 것을 보여주고자 애쓰는 대표님을 따라 H자 폭포로 간다. 차에서 내려서는데 파리떼가 달려든다. 파리도 반짝이는 햇볕이 좋아서 달려드니 어찌하겠는가. 춤추듯 팔을 휘저으며 사진을 찍는다. 숨겨진 파라다이스다. 황량한 대지 가운데 폭 내려앉은 곳에 인공적으로 만든 것보다 더 아름다운 정원이 있다. 신이 만든 정원 속의 작은 폭포에 넋을 놓고 빠져든다.

하우이포스는 100미터 높이에서 직선으로 낙하하는 폭포다. 감탄사가 절로 튀어나온다. 평원 속에 저런 웅장한 폭포가 있는 줄 상상이나 하겠는가. 단아한 자세로 곧게 뛰어내리는 폭포를 좀 더 가까이 보기 위해 낭떠러지 끝에 서니 발끝이 짜릿해진다. 벌어진 절벽의 옆구리에 층층이 쌓인 주상절리가 예사롭지 않다. 폭포의 높이가 감히 누구의 접근도 허용하지 않는 듯, 그저 있는 그대로 보고만 가라고 한다. 스티로폼 조각처럼 떠 있는 만년설 덩어리가 다 녹을 때쯤 하우이포스는 어찌 변해있을까. 다듬어지지 않은 날카로운 돌길을 달려 흔들리며 조심조심 이끼 낀 광활한 대지로 나간다. 키 낮은 야생화가 겸손을 꽃피우고 있다.

화산재가 수북수북 그대로 산이 된 험한 길을 달린다. 하지 부근에서야 열리는 길, 하이랜드를 지난다. 검은 돌멩이 회색 길을 달리는 하얀 차 한 대외는 인적이 드문 행성에 섰다. 구멍 숭숭 뚫린 작은 돌멩이를 집어 들고 그 가벼움에 놀란다. 놓치고 싶지 않은 곳곳을 들러서 구경하고 가다 보니 란드마놀레이가 도착 시간이 많이 늦어버렸다. 좋았던 날씨가 화가 난 듯 심상찮다.

아이슬란드 여행, 시작부터 끝까지 가는 곳마다, 보는 것마다 어느 하나 신기하고 놀랍지 않은 것이 없었지만 오늘의 란드마놀레이가 트레킹이 백미가 아닐 수 없다. 험준한 산과 대평원을 달려, 그야말로 산 넘고 물 건너 찾아간 란드마놀레이가. 저리 꼭꼭 숨어있는 비경을 세상 사람들은 어찌 알고 찾아들까. 파인 웅덩이에 차들은 느림보 걸음이고 불어난 물길에 바퀴가 빠져 진퇴양난에 처한 차도 보인다. 갑자기 불어난 물길을 건너지 못하고 잡혀버린 차 옆에서 안절부절 애쓰는 기사를 보면서 마음이 다급해진다. 주차난도 발생한다. 텐트를 치고 야영을 즐기는 이들과 멀리 노천 온천에 드나드는 벌거숭이와 난데없는 복작거림이 산 밑 평원에 펼쳐진다. 햄버거 반 개와 감자튀김으로 늦은 점심을 해결하고 서둘러 트레킹 준비를 하는데 날씨가 수상하다. 이곳에서는 변덕스러운 날씨가 일상이라지만 어느새 비가 내린다. 우주복을 입은 듯 만반의 준비를 하고 지구 밖 행성을 향해 발걸음을 뗀다.

분홍 산과 검은 산이 우리를 기다리고 있다. 분홍 산 쪽으로 오르기로 한다. 일행 중 한 명이 비와 다리 사정으로 처져있다가 비가 멎자 뒤따라 올라와 감격적으로 상봉하여 함께 산을 넘는다. 울퉁불퉁한 돌길에 색깔별로 길을 안내해 놓은 말뚝을 따라 걷는다. 발끝에 집중되는 신경을 곤두세우고 걷는데 겹쳐 입은 비옷 때문에 땀이 비 오듯 흐른다. 바람이 세어 바로 서 있을 수도 없었다던 산꼭대기가 오늘은 견딜만하다. 가지 않은 반대쪽 검은 산도 숨은 비경을 멀리서 드러낸다. 빙 둘러 눈에 들어오는 산과 지형이 지구별의 모습이 절대 아니다. 에베레스트라도 등정한 듯 기뻐서 만세를 부르며 반대쪽으로 내려오니 연기를 내뿜는 화산지대가 그대로 노출되어 있다.

어둠이 없는 아이슬란드의 여름, 늦은 시간에 도착하니 문을 열어놓은 음식점이 없다. 라면으로 대충 저녁을 해결하고 짐을 정리한다. 자정인데 노을이 아름다운 해질녘 풍경이다. 〈사진 7〉

8일차 (7월2일 일요일) - 레이캬비크에서 떠나는 날

말끔히 세수한 청년의 얼굴로 청정한 아침을 여는 레이캬비크. 비가 자주 내려서일까. 참 깨끗하고 상큼한 거리를 눈에 담는다. 오면서 입을 떡 벌리게 했던 꿈틀거리는 대지, 거대한 짐승이 땅속을 헤집고 지난 듯, 등이 터진 껍데기 같은 암석과 이끼 덮힌 돌들을 다시 보면서 공항으로 달린다. 잘 가라고 저쪽 하늘에서 무지개가 손을 흔든다. 다시 보니 쌍무지개다. 기분 좋은 일이 생길 징조다. 떠나는 아쉬움보다 아름다운 시간의 추억으로 더욱 열심히 살아갈 에너지를 얻는다.

날씨 때문에 놓쳐버린 안타까움 때문일까, 햇빛만 있다면 더없이 좋은 낙원일 것 같다고 아이슬란드를 말한다. 하지만 그 귀한 햇빛 때문에 아이슬란드가 더욱 가치로워지는 게 아닌가. 모든 걸 다 가질 수는 없다는 진리가 있지 않는가. 가장 소중한 것에 대한 경이와 감사를 알게 해주는 나라, 아이슬란드를 이 나이 즈음에 왔다 가는 건 내 생의 특별한 선물이 아닐 수 없다. 들판의 양처럼 살자는 말이 여행자의 가슴에도 들앉는다. 핀에어를 타고, 사방 천지에 피어있는 루핀을 원도 없이 보고, 천애의 낭떠러지에 둥지를 틀고 사는 퍼핀 새를 보면서 머핀 빵을 떠올렸던 핀핀핀의 기쁨. 루핀 꽃밭으로 달려가는 한 남자 덕분에 또 잠시 루핀 꽃밭에서 즐겁게 몸을 흔드는 꽃언니들, 어디서나 즐거운 인생이다. 매일 아침 출발하면서 힘차게 떼창을 했던 가수 전인권의 노래 '걱정 말아요. 그대'의 노랫말을 생각나는 대로 중얼거리며 비행장으로 간다.

"그대여 걱정하지 말아요. 우리 다 함께 노래합시다. ~ 중략 ~ 지나간 것은 지나간 대로 그런 의미가 있죠. 후회 없이 사랑했노라 말해요. 후회 없이 꿈을 꾸었다 말해요. 새로운 꿈을 꾸겠다 말해요"

우리들의 주제가 가사대로 가장 젊은 오늘, 우린 또 다른 꿈을 꾸며 아이슬란드를 감격스럽게 떠난다. 함께했던 모든 순간, 오래 잊지 말고 소통하며 공유한 추억의 행복으로 건강하게 살아가자고 덕담을 나누며 헤어지는 아쉬움을 달랜다. 자유로운 영혼의 소유자 전대표님의 사랑 어린 배려와 수고에 가슴 깊이 감사드리며 오면서 벌었던 시차의 시간을 되돌려주면서 왔던 하늘길의 역으로 날아오른다.

타임머신을 타고 지구별이 아닌 어느 행성으로 바람같이 다녀온 아이슬란드 여행. 생성과 소멸을 가늠할 수 없는 우주의 시간에 비하면 눈 깜짝할 사이에 지나는 생의 시간이 아닌가. 한 시라도 즐겁고 기쁘게 살지 않으면 안 될 것 같다. 얼음처럼 냉철하게 불처럼 뜨겁게, 소중한 삶의 시간을 알뜰하게 사랑하며 살아가야 할 것 같다. 일년 전부터 준비한 길고도 먼 아이슬란드 여행을 무탈하게 마치고 돌아올 수 있게 도움 주신 모든 분께 감사드린다.

솔롱고의 나라 1

 푸른 초원을 질주하는 말이 되어 달린다. 얕은 구릉지를 덮은 시원한 초록 카펫이 끝도 없이 펼쳐진다. 손을 뻗으면 잡힐 것 같은 뭉게구름이 몽실몽실 떠 있는 파란 하늘이 초원과 닿아있다. 컴퓨터 바탕화면 속의 정지된 듯한 풍경이 떠오른다. 과연 초원의 제국 몽골이다. 징키즈칸 국제공항을 나와 울란바토르를 향하는 처음의 길은 충분히 초원의 나라다. 울란바토르 도심에 가까워지자 지독한 교통체증이 시작된다. 모든 것이 다 좋을 수는 없지만 예상했던 것보다 심각하다. 우리나라보다 약 열다섯 배나 큰 국토의 몽골에서 인구의 65% 정도가 수도 울란바토르에 몰려 산다니 짐작할 만하다.
 상상 초월의 교통체증에 서울에서 먼저 온 일행과 함께할 저녁 만찬의 기쁨도 사라지고 조금의 틈을 찾아 빙빙 돌고 도는 운전에 덩달아 애가 탄다. 흙 묻은 자동차들이 꾸역꾸역 꼬리를 물고 울란바토르 도시를 향해 밀려든다. 불빛에 몰려드는 불나방인가. 시원한 초원의 풍경과 대조되는 교통체증이 몽골의 강력한 첫인상으로 들앉는다. 우리나라를 모델로 만들어진 고층 아파트가 빽빽하게 들어선 신흥 주택가가 눈에 들어온다. 대로를 조금만 벗어나도 비포장도로가 질퍽거리는 도시의 뒷면은 즉흥적인 팽창을 말해준다.

놀라운 곡예사의 공연과 마두금 연주를 들으면서 식어버린 꼬치구이 셔륵을 먹는다. 공연을 곁들인 만찬의 고급 식당이지만 작고 엘리베이터가 사회주의 흔적을 드러낸다. 흔들거리는 샤워기와 바닥으로 흐르는 물길, 깨어진 벽을 조화로 살짝 가려놓은 급조한 호텔 스위트룸의 황당 살벌함에 놀라 당장 짐보따리 챙겨 숙소를 옮긴다. 우스운 여행 첫날의 추억이다. 여행사를 통하지 않고 가이드를 자처한 지인의 제자와 그 남편의 휴가에 맞춰 자유여행으로 온 결과 시행착오를 겪는다. 이런 소소한 얘깃거리가 여행의 참맛이지 않을까.

푸른 초원을 달리기 위해서는 거대한 밀가루 반죽 덩어리 같은 교통체증의 한 가운데를 뚫고 나와야 한다. 병목현상의 현장은 최고의 인내심을 요구한다. 무방비로 몸체를 불리는 거대한 도시 울란바토르. 이미 습관화가 된 듯, 경적은 들리지 않는다. 성질 급한 우리나라 사람들이라면 끼어드는 차를 세우고 곳곳에서 고성이 터져 나올만 한데 모두는 조용히 꼬리를 물고 느릿하게 기어간다. 이 또한 관광의 한 부분인 듯 그렇게 '바양고비'라는 작은 팻말이 붙은 사막을 만나기 위해 달리고 또 달린다. 인구보다 더 많은 수의 가축이라더니 군데군데 무리 지어 풀을 뜯는 소, 양, 말 가축이 하늘의 구름 같다.

드디어 낙타를 탄다. 낙타 타기는 아주 짧은 거리를 오가며 사진 몇 컷 담는 것으로 끝이다. 멀기만 한 고비사막을 대신한 맛보기 사막여행인 셈이다. 아직 적응이 덜 된 양고기 육수에 끓인 국수를 대강 먹고 또 그 먼 길을 달려 울란바토르 시내로 돌아가야 한다. 아무리 봐도 질리지 않는 푸른 초원과 맑은 하늘의 뭉게구름 보는 것으로 허기진 속내를 채운다. 광활한 초원은 먼 길의 지루함을 달래주기에 충분하다.

 매년 8월 첫 주말에 펼치는 몽골의 대표적인 종교행사 겸 문화축제의 일부인 '단사이 나담' 축제다. 여행 일정 중에 마주쳤으니 얼마나 다행인가. 토요일이라 지독한 교통체증은 덜하리라는 예상은 완전히 틀리고 말았다. 이 대단한 축제에 대하여 미처 알지 못했던 무지의 결과였다. 일행은 세 번째로 아주 심한 교통체증에 부딪친다. 전문여행사를 통해서 온 관광객이 일찌감치 출발하여 좋은 자리를 차지하고 있는 모습을 막히는 차 안에서 중계방송으로 보면서 꾸역꾸역 간다. 꼬리를 물고 끝없이 이어지는 차들의 행렬이 초원을 가로지른다. 정해진 길이 아닌 언덕을 넘어 마구 달리는 차 한 대가 있으면 그것이 새로운 줄을 만들어 수많은 갈래의 줄이 초원의 능선을 넘는다. 이들이 누구인가. 그 옛날 거침없이 말을 달려 한때는 역사상 세계에서 가장 넓은 대륙을 정복했던 칭기즈칸의 후예가 아닌가.
 만주 지배를 받을 때도 멈추지 않았던 'DANSHIG NAADAM'은 황제에게 도시를 바치는 의식이란다. 단사이는 몽골어로 굳건하게 서 있다는 의미라니 어떤 세력에도 굴하지 않은 몽골인의 강한 정신을 이어주는 국가적인 중요한 행사이다. 저토록 맹렬하게 산을 넘고 달려서 모여드니 그 모습만 봐도 장관이다. 거대한 행사장은 도시를 옮겨놓은 듯 어마어마한 규모의 크기에 입이 떡 벌어진다. 온 가족이 며칠씩 묵으면서 휴가를 즐길 기세로 진을 친 모습도 보인다. 하루 이틀 만에 끝날 행사가 아닌 것 같다. 마치 국가적인 대명절을 쇠기 위해 모여든 핏줄들 같다. 몽골 국민의 가슴에 깊이 뿌리내린 종교와 전통적인 문화의 힘이 강하게 느껴진다. 저렇게 응집하는 힘이라면 언젠가 다시 대제국을 일으켜 세우지 않겠는가. 무서운 탈을 쓰고 공연하는 내용은 선행으로 공덕을 쌓고 대대손손 번창하리라는 내용과 연결되는 것 같다. 공연자, 상인, 구경꾼, 수많은 인파의 거대한 움직임은 뜨겁기만 하다.

    울란바토르와 가까운 곳에 있는 테를지 국립공원은 비교적 접근하기가 쉽다. 너무 먼 거리의 홉스골과 고비사막은 자동차로 이동하기가 힘들어서 다음 기회로 미룬다. 칠흑같이 어두운 밤하늘에 쏟아지는 별을 보고 싶어 테를지 국립공원으로 가는 길, 도로변에서 거래되는 양과 임시로 설치한 시멘트블록 담 뒤에서 일어나는 도살의 현장은 충격적인 관광이다. 공공연한 저들의 문화인 게다. 현지인의 특권으로 값이 책정되고 오늘 우리에게 목숨을 바쳐 제물이 된 양 한 마리가 비닐봉지에 쌓여온다. 게르에서 이틀을 묵으면서 먹을 식량인 게다. 울음소리도 제대로 내지 못하고 허무하게 죽임을 당한 어린 양을 요리조리 파먹을 늑대 같은 일행은 먼저 거대한 기마상에 닿는다.
  은빛 찬란한 칭기즈칸의 기마상은 멀리서도 한눈에 들어온다. 평원에 세워진 높이 40m의 거대한 스테인레스 스틸 동상이다. 동상박물관 건물로 들어서니 거대한 몽골의 전통 장화 '구탈'이 보인다. 거인의 신발 같다. 계단을 올라 밖으로 나가니 칭기즈칸의 허리로 나온다. 엄숙한 표정의 칭기즈칸의 가슴에 안겨 환호하는 듯한 자세를 취해 본다. 사방으로 탁 트인 초록의 들판에 하얀 게르가 양 떼처럼 앉았다. 테를지 국립공원에서 생애 처음으로 묵게 될 게르가 궁금해진다. 전날 내린 비로 흙길이 패이고 구덩이가 생겨 자동차가 진땀을 뺀다. 테를지 국립공원 입구의 상징인 거북바위가 멀리서도 보인다. 이래저래 거북이 걸음으로 테를지 국립공원으로 들어간다.

솔롱고의 나라 2

    솔롱고는 몽골어로 무지개라는 뜻이다. 이름이 솔롱고라는 지인의 예쁜 제자와 현직 검찰 공무원인 그녀의 듬직한 남편이 가이드를 자처한 여행이다. 몽골 여행의 경험이 많은 지인과 현지인이 설계한 여행인데 예상 밖의 일이 발생한다. 예약한 게르에 닿으니 단체 손님을 받느라 우리의 예약은 허사가 되어버렸다. 소개해 준 다른 게르를 찾아 테를지 국립공원을 샅샅이 훑는다. 몽골의 넓은 초원에서 보기 드물었던 바위와 숲이 만드는 경치는 또 다른 멋진 풍경으로 다가온다. 감탄을 자아낸다.
    현지인이 실제 사용하는 전통적인 게르는 공원 안에서 찾기 어렵다. 초가와 한옥을 현대식으로 고쳐 사는 우리처럼 전통 게르를 현대식으로 개조한 곳이 대부분이다. 관광객을 위한 현대식 게르는 껍데기만 게르다. 부분적인 개조가 오히려 불편하고 요금도 비싸다. 들고 온 양 한 마리를 전통적인 방법으로 요리를 해 줄 게르를 찾기란 더 어렵다. 전날의 비로 길이 끊기기도 하고 패여서 생긴 물구덩이에 바퀴가 빠져 차가 나아가지 못하고 내려서 걷기도 하면서 헤매다가 거북바위가 보이는 언덕의 게르에 도착했다. 게르 찾느라 헤맨 시간도 모두 여행의 시간이라 여긴다. 제물로 바쳐진 양 한 마리의 축제가 시작된다.

  전통 요리 허르헉을 부탁해 놓고 게르에 들어가 짐을 푼다. 사진으로 봤던 것과 비슷하여 생소하지는 않다. 공동 화장실과 세면장이 따로 있고 각각의 게르 앞에는 베란다 같은 공간이 있어 밤하늘의 별을 보기에 딱 좋을 것 같다. 제법 많은 투자를 한 것 같은 현대식 건물의 식당과 노래방이 있는 게르다. 양고기는 호불호가 나뉘는 음식인 것 같다. 먹성 좋은 나도 특유의 냄새로 약간 비위가 거슬리지만, 부위별로 다른 요리와 바비큐도 하고 다양하게 즐긴다. 한국의 김치를 곁들여 먹으니 더 맛있다. 손자를 데려와 함께 있는 주인장 젊은 할머니의 투박한 친절에 저녁이 즐긴다.

  낮과 밤의 기온 차가 엄청나다. 한여름에도 파카를 입어야 한다. 목도리를 단단히 하고 밤하늘을 본다. 예쁜 노을이 붉게 놀다가 사라지자 기다렸던 밤이 왔는데 생각만큼 칠흑 같은 어둠은 없다. 불빛 하나 없는 완전한 어둠 속으로 내려앉는 별을 보고 싶었는데 실망스럽다. 상업지가 되어버린 게르 주변의 전등이 너무 밝다. 이웃 게르의 전등까지 소등을 부탁할 수도 없어 보이는 만큼만 보기로 한다. 별자리 앱을 깔고 밤하늘의 별을 향해 휴대폰을 들고 보니 북반구의 여름 별자리들이 선명하게 보인다. 추운 날씨와 입에 맞지 않는 음식으로 남편이 열이 펄펄 끓으면서 몸은 사시나무처럼 뜬다. 온갖 처방으로 한바탕 소동을 벌리고 이불을 몇 개나 덮고 하얀 밤을 지샌다. 공동 세면장의 찬물로 머리를 감는데 두개골이 쪼개지는 듯 차갑다. 차가움을 넘어 칼날처럼 날카로운 냉기에 정신이 번쩍 든다. 여름에 이 정도면 겨울에는 어찌 사는지 걱정이 된다. 게르 주변의 초원에 내린 이슬로 세수를 한 야생화가 해맑은 얼굴로 인사를 한다. 초록 들판에 피어난 노랑, 하양, 보라, 온갖 야생화가 밤하늘의 별처럼 아름답다. 에델바이스 몇 송이를 꺾어 쥐며 산책을 즐긴다.

맞은편 거북바위까지 왕복하는 말타기 체험을 한다. 어린 마부들이 말을 데리고 줄을 선다. 어른은 말을 타고 어린 마부는 터벅터벅 걸어서 습지를 건너간다. 간식거리 질겅거리며 말고삐를 잡고 가는 어린 마부들이 안쓰럽다. 한창 공부할 나이의 아이들인데 잘 통하지 않는 영어 몇 마디로 겨우 나이와 서로는 형제라는 것을 안다. 사회주의를 벗어나 자유경제 체제로 들어온 몽골의 현실이 느껴지는 부분이다. 오후에 솔롱고 부부의 친구 부부가 아이들을 데리고 우리가 묵는 게르에 합류하여 저들도 오랜만에 친구를 만나고 추억을 쌓는다.

한국과 미국으로 건너가 꿈을 이루기 위해 고군분투하는 젊은 몽골을 만난다. 한국에 대한 저들의 관심과 애정이 대단하다. 한 부부는 한국에서 열심히 일하여 이미 몽골에 집도 사고 차도 사고 기반을 잡았는데 아내는 아직도 한국의 식당에서 일을 하면서 부족한 부분을 메우고 있단다. 저들에게 한국은 꿈의 나라인 게다. 한 부부는 한국을 넘어 미국까지 건너가서 터전을 잡기 위해 애쓰고 있단다. 우리의 젊은이들이 광부와 간호사로 독일로 나가고 외국적선을 타고 바다를 누비고 중동의 모래바람 속으로 나아갔던 어려웠던 시절의 우리의 지난날의 모습을 보는 듯하다. 세계 어디든 꿈을 찾아 나서고 하나씩 이루어 나가는 젊은이들이 있어 몽골의 앞날은 밝고 든든하다. 우리보다 더 우리 노래를 많이 알고 잘 부르는 몽골의 젊은 부부와 아이들과 어울리는 가운데 테를지 국립공원에서의 또 하루가 지난다.

울란바토르로 돌아와 시내 관광을 한다. 칭기즈칸 동상이 있고 독립의 전사 수흐바타르 동상이 서 있는 광장을 걷는다. 정권이 바뀔 때마다 광장의 이름이 바뀐다니 몽골의 대표적인 두 인물이 아니겠는가. 울란바토르라는 수도의 이름이 수흐바타르의 얼굴을 상징하여 지은 '붉은 얼굴'이라는 뜻이라니 영향력이 짐작된다. 광장에는 전통 복장의 몽골인들이 단체 모임을 하는지 군데군데 무리 지어 움직인다. 칭기즈칸 동상 앞의 높은 제단에는 허락받은 이들 외에 아무나 갈 수도 없다. 광장을 에워싼 고층 건물들이 발전하고 있는 몽골의 현재를 보여준다.

한국식 이름의 식당이 즐비하다. 관광객보다 현지인들이 더 한국 음식을 즐긴다니 반가운 현상이 아닌가. 한 집 건너 한 집씩 한국의 편의점이 들어와 있다. 편의점에서 만난 학생도 친절하고 순박하다. 자연과 함께 살아가고 자연을 닮은 몽골인들에게 정이 가는 것은 당연한 일인 것 같다. '아메리카 드림'이라는 말을 만들며 꿈을 찾아 떠났던 우리가 다시 꿈의 나라가 되어 뭔가 나눠줄 수 있고 베풀 수 있는 나라로 성장한 것이 대견스럽다. 몽골 여행은 순수한 자연 외에도 그런 뿌듯한 보람을 느끼게 하여 좋았다. 좋은 관계 유지하면서 더불어 잘 사는 나라로 함께 나아가길 소망한다.

인연의 길을 따라

 길은 앞서간 사람의 흔적이다. 그 길을 따라가면서 옛사람의 삶을 만나고 글의 씨앗도 주우면서 다시 새로운 인연의 길을 만든다. '길 따라 사람 따라 삶을 따라' 현수막을 들고 가톨릭문인협회 회원 40여 명이 공동운명체의 끈으로 묶여 행복으로 가는 버스에 오른다. 차창 밖에서 함께 달리는 황금빛 들판이 가슴을 설레게 한다. 선글라스를 낀 듯 선팅이 되어있는 창문 너머의 황금 들판이 그야말로 노다지 금덩이처럼 빛이 난다. 오늘, 일상탈출의 기쁜 가슴처럼 시원하게 펼쳐진다.
 얼마 만에 보는가. 도심을 잠시만 벗어나도 볼 수 있는 가을 들판이고 가을 하늘인 것을. 유난히도 무더웠던 지난여름을 견디어낸 초목이며 알곡들이며 스치는 바람 한 줄기며 어느 것 하나 감사하지 않

---

* 가톨릭문인협회 가을문학기행 스케치

은 게 없다. 무르익은 황금 들판에 알알이 맺힌 주님 사랑을 말없이 바라만 보아도 행복한 시간이다. 감사의 마음으로 묵주기도를 하면서 첫 목적지 병산서원으로 향한다. 밤잠을 설치며 첫새벽에 출발한 발길이 약 4시간 걸려 병산서원에 닿는다.

병산서원

병풍처럼 산이 둘러쳐져 있고 맑은 물이 흐르고 있는 조용한 마을이다. 초입의 맨드라미, 봉선화, 붓꽃 등 토종 우리 꽃들이 옛사람을 만난 듯 반갑다. 단정하고 기품있는 서원의 모습이 위풍당당하다. 고려 중기부터 안동 풍산에 있던 '풍악서당'이라는 교육기관이 그 전신이다. 홍건적의 난리 중에도 학문에 열중하는 유림을 본 공민왕이 감동하여 상을 내리고 격려하였는데 풍악서당 주변으로 인가가 늘고 시끄러워지자 서애 유성룡 선생의 권고로 이곳 병산으로 옮겨오면서 '병산서원'으로 고쳐 부르게 되었다고 한다. 좋은 학군을 따라 인구가 모여들고 집값이 오르고 주변이 급발전하는 것은 예나 지금이나 다를 바 없는듯하여 혼자 슬쩍 웃는다.

미국의 부시 대통령 부자가 차례로 방문하여 대청마루 끝에 걸터앉아 한참 동안 앞산을 바라보셨다는 해설자의 설명이 기억에 남는다. 미국 대통령 부시가의 가훈이 아버지를 존경하라는 것이라니 아버지의 위상이 점점 줄어드는 요즘에 딱 맞는 가훈이 아닐 수 없다. 가정이 바로 서야 사회와 나라가 바로 서는 법이니 아버지의 역할이 얼마나 중요한가. 아들의 롤모델인 아버지가 되기 위하여 떳떳하고 올바르게 살아야 하고 그 아버지를 바라보고 사는 아들이 어찌 바르게 살지 않겠는가. 오늘날 절실히 필요한 아버지를 바로 세운 교육의 현장이 바로 병산서원이다. 교무실과 교장실을 잇는 대청마루에 퍼져 앉아 열심히 설명을 듣는 학생이 된다. 달팽이 화장실을 힐끗 보고 하회마을로 간다.

안동 하회마을, 하회별신굿탈놀이

세계문화유산 안동 하회마을의 솔밭식당으로 간다. 여행하기 딱 좋은 가을날이 아닌가. 내외국인 관광객으로 대형버스가 줄을 잇고 식당마다 만원이다. 안동의 대표적인 음식이자 K푸드인 안동찜닭과 간고등어 정찬으로 맛있게 배를 채우고 다시 줄을 서서 '하회별신굿탈놀이'를 관람하러 이동한다.

'하회별신굿탈놀이'는 서낭신에게 올리는 제사로 시작하여 굿과 더불어 서낭신을 즐겁게 해드리기 위하여 탈놀이를 했던 것에서 유래된다. 서낭신을 위한다지만 결국에는 마을의 잡신을 몰아내고 마을의 평안과 안녕을 기원하는 평민들의 놀이였다.

'국가무형문화유산'으로 지정되어있는 이 탈놀이는 무동마당, 주지마당, 백정마당, 할미마당, 파계승마당, 양반과 선비마당, 혼례마당, 신방마당의 8마당으로 구성되어있다. 파계승에 대한 비웃음과 양반에 대한 신랄한 풍자와 해학으로 출연자와 구경꾼이 하나 되어 통쾌

하고 신나는 놀이가 된다. 오늘 우리가 관람한 공연은 혼례와 신방마당이 빠져있었지만, 꽹과리가 중심이 되는 풍물꾼의 풍악에 절로 흥이 나고 어깨를 들썩이는 춤사위에 동요되어 한바탕 질펀하게 춤을 추고 싶은 충동이 일어난다. 일어서는데 '탈을 벗자 본래의 모습으로, 그리고 인간은 탈 속에서 자유롭다'는 자막이 눈에 들어온다. 관계 속에서 득을 바라면서 무수히 많은 탈을 쓰고 살아가는 오늘날의 사람들에게도 의미심장한 말이 아닐 수 없다. 탈 속에서가 아니라 탈을 벗고도 진정 자유로운 사람으로 살 수 있다면 얼마나 좋을까.

전 세계의 탈을 한눈에 볼 수 있는 탈박물관을 잰걸음으로 돌아나온다. 사회질서 유지나 생존을 위해 탈이 필요했던 인간들의 손에서 참으로 기괴한 탈이 다양한 재료로 많이도 창작된 게 신기하다. 한 길로 향한 집념이 응집된 수석전시관을 바람처럼 돌아서 차로 간다.

화천서원, 옥연정사, 부용대, 겸암정사

부용대 동쪽 기슭에 있는 화천서원에 먼저 닿는다. 겸암 류운룡 선생의 덕망을 흠모하는 유림들이 세워 선생을 봉안한 곳이다. 서원 철폐령에 강당만 남았던 건물을 후손들이 다시 복원하여 경상북도 기념물로 보존되고 있다. 옥연정사는 대한민국 중요민속자료 88호이자 국보 132호인 『징비록』의 산실이다. 2010년에 유네스코 세계문화유산에 등재된 소중한 유산이다. 임진왜란을 어렵게 치른 서애

류성룡 선생의 삶의 모습과 생각과 인생, 분위기를 느낄 수 있는 곳이다. 배를 타고 오지 않으면 접근할 수 없는 벼랑 끝에다 탄홍 스님의 도움을 받아 집을 지으셨다. 서애(서쪽 벼랑)라는 호를 짓고 스스로 외로운 '고라니의 삶'을 살고자 하였고 그런 마음을 「옥연서당기」에 담았다.

  하회마을의 전경을 한눈에 조망할 수 있는 부용대에 올랐다. 물길이 한 바퀴 휘돌아 나가는 마을이 물 위에 떠 있는 연꽃 같다 하여 얻어진 이름이다. 시원하게 내려다보이는 하회마을 정경이 연꽃처럼 아름답다. 이 부용대 좌우에 겸암정사와 옥연정사를 짓고 벼랑길을 오가며 학문에 힘쓴 형제의 우애가 돋보인다. 위험하여 지금은 폐쇄된 벼랑길이 궁금해진다. '~있어도 없는 것 같고, 안으로는 부유하면서도 밖으로는 검소해 보이는 것은 모두 겸謙에 가까운 뜻이다.'라고 표현한 겸암정사를 돌아 나오는 길에 구름에 가려진 노을빛이 예술작품처럼 아름답다. 황금 들판 위로 높이 서 있는 수로도 멋진 배경이 된다. 농은수련원으로 달리는 창밖은 어느새 땅거미가 내리고 있다.

농은수련원

  예천의 농은수련원으로 들어가니 기다리고 계셨던 수녀님이 환한 미소로 우릴 반긴다. 한국교회 최초의 수덕자 농은 홍유한 선생의 신앙을 기리면서 조용히 심신을 수련하는 곳이다. 낮에 먹었던 안동찜

닭이 저녁에도 주메뉴였지만 훨씬 맛있어서 잘 먹었다. 발을 다쳐 불편한 몸인데도 진행을 찰지게 잘해 주신 정재분 아가다님 덕분에 식후 강당에서 흥겹고 유쾌한 친교의 시간을 가졌다. 온종일 역사 속의 인물을 만나고 처음 알게 된 분들과도 새로운 인연의 길을 튼 문학기행의 첫날이었다.

다음날, 안개가 자욱한 새벽의 농은수련원을 산책하면서 아침을 연다. 몽환적인 안개 속을 더듬어 구암성당으로 간다. 앞마당의 한복을 입으신 성모님의 단아한 성상이 아름답다. 나뭇잎에 걸쳐진 거미줄에 안개가 내려 하얀 레이스 장식품 같다. 그대로 멋진 배경이 된다. 아담한 성당 안에는 침묵이 흐르고 영적인 기운이 감돈다. 감사의 마음으로 성체 앞에서 기도 손을 모은다. 다시 발길을 돌려 정갈하게 꾸며놓은 봉안당을 둘러본다. 삶과 죽음이 멀리 있지 않음을 생각하면서 문경의 성지로 출발한다.

마원성지, 양업명상센타

문경은 온통 사과밭이다. 사과가 주렁주렁 달린 사과밭을 지나 마원성지에 닿는다. 언덕을 오르는데 성가가 먼저 귀에 들어온다. 은은한 성가를 배경으로 깔아놓고 우리를 기다리고 계시는 정도영 베드로 신부님, 2019년 코로나 직전에 23일 동안 남미 성지 순례 겸 여행을 함께 했던 잊지 못할 신부님이 거기 서 계셨다. 어찌나 반가운지 정신이 아찔하다. 특별한 인연의 길을 열어주신 주님께 깊이 감사드리며 경북의 사도 깔레 신부님과 순교복자 박상근 마티아님의 신앙의 세계로 빠져든다. 박해를 피해 험한 산길을 헤매다가 탈진하여 헤어지는 순간 서로는 마주 보고 통곡했다는 사연에 가슴이 울컥, 눈물이 핑 돈다. 양업명상센타에서 교중미사를 봉헌하기 위하여 서둘러 발길을 옮긴다.

양업명상센타는 문경 일대 성지를 찾는 순례자들에게 미사와 교육장소를 제공하는 곳이다. 이곳에서 순례객이 휴식을 취하며 마음의 치유도 하고 새로운 힘을 얻을 수 있기를 바라는 목적으로 교구에서 직접 운영하고 있다고 한다.

'해마다 제가 다니는 거리는 7천 리가 넘습니다.' 미사를 드리는 제단의 뒤에 걸린 문구가 '땀의 순교자' 최양업 신부님의 열정을 말해준다. 신학생 세 명 중 유일하게 혼자 남은 최양업 신부님은 한국교회에 대한 막중한 책임감과 부모 형제 모두의 희생에 대한 보답으로 더욱 열심히 최선을 다하셨으리라. '예수 마리아'를 두 번 외치면서 최후의 순간까지 남겨진 교우들과 조선교구를 걱정하신 최양업 토마스 신부님이셨다. "신앙의 길을 찾아 여행을 다니는 교우들 보고 기뻐하실 것이다. 오늘날의 교우가 누리는 호사는 순교자들의 피와 땀의 선물임을 알고 감사하게 나누고 기쁘고 즐겁게 살아가라. 기쁨이 넘치는 생활 자체가 전교"라는 강론 말씀에 여기저기서 흐느끼는 소리가 들리고 주체할 수 없는 눈물이 볼을 타고 흐른다. 애간장이 시커멓게 다 타버렸을 최양업 토마스 신부님의 영혼이 주님 품 안에서 영원한 복락을 누리시길 기도하며 일어선다.

진안리 성지와 여우목 성지

　토속 된장국이 맛난 집에서 점심을 먹고 진안리 성지로 향한다. 도로변에 있는 진안리 성지는 최양업 신부님이 병들고 지친 몸으로 사목활동 보고를 위해 상경하는 길에 들렀다가 선종하신 것으로 추정되는 주막집 터이다. 목숨이 위태로운 박해 시대에 험한 산길을 걷고 또 걸어서 교우를 돌보고 마지막까지 길 위에서 생을 마감하신 최양업 신부님은 진정 예수님의 생을 닮은 '길 위의 목자'요 '땀의 순교자'이시다.

　여우목 성지는 한국의 103위 순교성인 중 한 명인 이윤일 요한 성인과 서치보 요셉 가정에 의해 이루어진 교우촌이다. 박해를 피해 모여들었다가 다시 박해를 피해 흩어지기도 했던 교우들이 결국에는 박해의 칼날을 피하지 못하고 순교하였다. 흩어져있던 유해를 후손이 이곳으로 이장해서 모셔놓은 곳이다. 속이 텅빈 오래된 나무도 묵상이 되는 여우목 성지를 오른다. 성지를 조성하는 중에 '나는 굳게 믿나이다.'라는 글귀가 새겨진 흰 돌이 이곳에 오는 과정에 기적 같은 사연이 있었다. 성지 조성을 담당 신부님 혼자 하시는 일이 아니라 주님이 함께하신다는 것을 알았다. 설명을 멈추고 앞산을 바라보라고 하신다. 흔한 전선 하나 없이 순수한 옛 모습 그대로의 산을 바라본다. 박해 시대에 교우들이 숨어서 넘나들고 바라보며 살았던 그때의 산이 변함없이 지금 우리를 보고 있다. 마치 순교한 교우들이 자신들이 피 흘리며 목숨 바쳐 지켜온 신앙을 잘 지켜나가라고 말을 하는 것 같아 숙연해진다. 성지의 일꾼으로 세우신 정도영 신부님의 안수를 받는다. 충만한 은혜와 축복이 가슴 가득 차오른다. 헐거워지고 느슨해진 신앙생활로 때가 낀 영혼이 말끔하게 씻겨지는 것 같다. 말 그대로 '영혼의 샤워'를 하고 산을 넘어 찻길로 나온다.

사과 따기 체험

정동영 신부님의 소개로 교우의 사과 농장으로 간다. 꽃 필 때 폭우가 내려 올해의 사과 농사는 시원찮다고 하는데 새빨간 사과가 주렁주렁 달린 나무를 보니 믿기지 않는다. 빨간 보석 같은 사과가 예쁘게 달렸다. 정해준 나뭇가지에서 직접 톡 따보는 손맛이 꽤 좋다. 바로 입으로 들어가는 싱싱한 사과 맛이 끝내준다. 선 자리에서 하나를 다 먹고 나니 배가 남산만 해진다.

여행의 마지막을 이렇게 행복한 포만감으로 꽉 채워주시는 주님께 감사드리면서 다시 황금 들판을 달려 집으로 간다. 빨갛게 잘 익은 사과처럼 주님 안에서 우리의 신앙도 곱게 열매 맺으며 잘 익어가길 소망한다. 빈틈없이 잘 짜인 일정으로 즐겁고 알찬 여행이었다. 이틀 간 함께 엮어진 인연의 길 따라 문학 창작의 길에도 예쁜 열매가 주렁주렁 맺히길 더불어 기원한다.

│ 서평

양자역학의 파동성, 중층구조의 예술성
- 최순덕론 -

❙ 서평

양자역학의 파동성, 중층구조의 예술성
- 최순덕론 -

권대근
평론가, 대신대학원대학교 교수

I. 열며

문학은 실제로 일어났을 수 있는, 일어났을 법한 이야기를 쓴다. 그것은 추측이나 상상, 아니면 사건의 자초지종을 보고 당연히 이렇게 일어날 수밖에 없다는 추리와 당위성에 의거한 개연성과 핍진성을 갖는 서술을 말한다. 문체상 실제로 일어난 것처럼 그럴듯하게, 실감나게 이야기하는 것이 문학이다. 따라서 문학은 역사보다 훨씬 진지하며 철학적인 진리성에 가까운 것을 추구한다고 아리스토텔레스는 말한다. 최순덕 수필의 가치성이란, 수필에 예술성을 주기 위해 중층구조를 활용한다는 점이다. 물론 순리적 운명관에서 나오는 이야기의 감동성도 최순덕 수필의 가치를 드높이는 인자다. 그것은 작가의 내심에 투영된 감정이나 정서가 세련되게 문학적 장치에 의해 표현된다는 것이다. 이것이 인문학으로서 수필이다. 문학이 보다 깊은 철학일 때 우리는 세계인과 만난다. 예술수필의 진수를 보여주는 최순덕의 수필에서 세련된 문학성의 향기가 세포 속으로 스며들어 오는 과정을 살펴보는 일은 어렵지 않다.

뉴턴역학에 기초한 고전물리학이 양자물리학의 새로운 영역에 자리를 내준 양자혁명 동안 발생한 패러다임 전환을 '사실을 사실대로' '수필은 붓 가는 대로 쓰는 글이란 전통수필'에서 '수필은 제재를 통해 주제를 겨냥한다는 본격수필'로 전환해서, 모든 물질은 입자이면서 동시에 파동의 성질을 지닌다는 양자역학의 원리를 최순덕 수필 분석에 적용해 보면 어떨까. 이 전환은 오랜 결정론적 세계관에 도전하고 파동입자이중성, 불확실성 및 양자 중첩과 같은 개념을 양자역학에 도입했다. 닐스 보어의 코펜하겐 해석 여섯 가지, 양자도약, 양자얽힘, 양자중첩, 관찰자효과, 불확정성원리, 상보성원리 등 양자혁명은 물리적 세계에 대한 우리의 이해에 근본적인 변화를 가져왔고 놀라운 과학적 발전과 기술 혁신의 발판을 마련했다. 본격수필이론도 양자역학의 발전과 마찬가지로 교술이라는 전통수필 이론에 도전하고, 기존 수필에 대한 개념에서 전환하여 수필적 허구와 중층구조와 존재론적 의미화라는 새로운 이론으로 현대수필의 옷을 입을 수 있을 것이다.

최순덕 수필집을 읽고 나면, 필마의 기운이 주는 뿌듯한 감동을 경험할 수 있다. 주제의식을 제재와 연결시켜내는 상관화 작업이 수필을 문예화하는 데 중요한데, 지금까지 최순덕은 이런 일을 잘 해내고 있다. 그녀의 인지시스템으로 들어온 제 물상은 의미화 작업을 거쳐 옹골찬 미학으로 살아나기 때문이다. 그녀가 보내온 사십여 편의 작품들은 하나같이 중층구조미학의 토대 위에서 빛나는 수필이라고 할 수 있겠다. 최순덕의 눈은 확실히 남다르다. 그녀는 보이지 않는 곳에 감춰져 모습을 드러내지 않는, 보아야 할 것을 찾아 조리개를 맞추는 데 남다른 열의를 보여주고 있다. 이러한 그녀의 믿음직한 글쓰기를 수필의 문학성을 바로 세우려는 작업의 하나로 볼 때, 최순덕 수필집은 그 가치를 인정받을 수 있으리라 확신한다.

II. 펼치며

인간이란 원래 자신의 주위에서 일어나고 있는 역사적 시대적 상황에 대해 일체 무관심하거나 초연한 상태로 살아가기가 어려운 존재다. 왜냐하면 인간의 존재 그 자체가 역사적 시대적 상황의 한 부분이며, 그것이 직접적이든 간접적이든 역사적 시대적 상황의 영향을 받으며 그 속에서 살아가야 하는 것이 곧 인간이기 때문이다. 이를테면 어항 속에 들어와 있는 물이 역사적 시대적 상황이라면 그 속에서 살아가는 물고기와도 같은 존재가 바로 인간인 것이다. 최순덕의 수필은 바로 인간의 존재 조건, 실존을 겨냥하고 있다는 데서 매우 중요한 의미를 갖는다. 최순덕은 2017년도 수필 부문 한국해양문학상을 수상한 바 있는 작가다. 무엇보다도 수필의 문학적 성취는 문학적으로 가치 있는 재료를 선택하는 데서 좌우된다. 이런 차원에서 작가가 선택한 한 권 분량의 수필들은 모두 독자로 하여금 세상과 소통하는 존재방식에 대해 되짚어보게 하는 호소력이 짙은 작품이다. 작가의 시선은 이름도 빛도 없이 따스한 온기를 향기처럼 퍼뜨려 세상을 꽃피우는 사람들을 향하고 있어, 더욱 이 수필의 가치를 드높이게 한다.

칸트에 의하면 예술의 가치를 객관적으로 논의 또는 평가할 수 있게 만들어주는 그의 미학적 또는 심미적 취향은 극과 극의 중간쯤에 존재하는 것으로써, 제시된 작품의 가치를 판단함에 있어서 누구나 동의할 수 있는 어떤 공통된 그리고 정당한 기준이 존재하는 것이 가능하다는 가정 위에 성립한다. 이와 같은 가정 위에서 최순덕 수필의 즐거운 가치평가는 자연의 이치에 따르는 순명의식과 솔직함, 작품에 어떻게든 문학성을 부여하고자 하는 문학정신에서 가능하다. 무엇보다도 최순덕이 추구하는 가치는 매사에 최선을 다하자는 성실성이 문장에 잘 나타나 있다. 이에 포커스를 맞추면 대충 최순덕의 세계관과 일상 철학을 이해할 것 같기도 하다. 이 해설을 통해 무엇보다도 스스로의 힘으로 최순덕 수필의 가치와 마주했으면 한다. 작품 속 화자나 주인공이 나에게 건네는 이야기에 솔직하게 귀 기울여 보기 바란다. 한 편의 수필을 읽는 일은 작가의 수필적 서사를 거쳐 결국은 다시 나에게로 돌아오는 여행이다. 수필이라는 기차를 타고 창밖으로 지나가는 풍경들을 바라보다 보면, 그 속에서 나를 발견하고 내가 사는 세상을 발견하게 될 것이다. 이 수필집이 멋진 기차여행을 선사하는 소중한 차표가 여러분을 양자의 세계로 안내해 줄 것이다.

양자역학 이론에 따르면 물질은 작아지면 질수록 파동의 성질을 띤다. 공기 중의 산소 분자까지는 입자로 보면 되고, 산소 분자보다 더 작아지면 파동 성질이 더 강해진다. 원자 주변의 전자들은 파동에 가깝다고 할 수 있다. 아인슈타인의 전자 입자설을 깬 드 브로이는 모든 물질은 파동성을 지닌다는 연구로 노벨상을 받는다. 두 개의 슬릿에 전자를 쏘니 파동의 성질이 나타나는 입자간섭실험으로 이미 증명되었다. 아인슈타인도 양자역학을 인정하게 된다. 이를 수필시학에 적용하면, 일반화된 이야기나 소재들을 더 작게 만들어야 한다는 것이다. 이를테면 하나의 제재로 좁혀나가야 된다. 일반화하지 않고 특수화한다는 의미다. 그래서 결국 수필에 파동성을 주려면 작가는 마지막에 원소와 같은 제재소로 지배적 정황을 만들어야 한다는 것이다. 수필의 파동성은 전이, 치환, 변용의 미학으로 빛나는 시적 언술의 양상에서 도출되는 성질이다. '이것을 저것으로'에서 '저것'에 해당하고, '원관념과 보조관념'에서 '보조관념'에 해당되는 부분이다. '감정'보다 '미적 정서'요, '이야기'보다 '플롯'에 해당하는 화자의 '전략적 표현'이라 하겠다.

가. 파동으로 가는 양자 열차 – 원자처럼

양자역학이 문학을 이해하는 데 어떤 도움을 주는지 그리고 양자의 이중성이 수필시학과 어떤 관련이 있는지 살펴보고자 한다. 양자역학의 관찰자효과와 불확정성원리는 원자 주변을 도는 전자의 파동성에서 온 것이다. 미시세계에서 원자는 파동처럼 행동하는데, 고전 물리학의 법칙으로는 위치나 속도를 알면 운동량을 알 수가 있는데, 양자역학에서는 물질이 파동이 되기 때문에 원리적으로 위치나 속도를 파악할 수가 없다. 산소도 알갱이로 돌아다니지만, 절대온도보다 더 세게 온도를 낮추면 운동이 느려지며 파장이 커지면서 파동의 성질을 나타낸다. 파동은 두 개의 상태로 존재하다가 측정하면 한 군데만 나타난다. 수필시학에 견주면, 이야기가 이중으로 나타나도 주제는 하나로 집약되어야 한다는 것이고, 미시세계의 원자 주위를 도는 전자가 하나로 나타나는 것은 독자의 입장에서 주제가 하나로 파악되어야 한다는 것이다. 양자 영역의 비밀을 밝히고 이 매혹적인 과학 분야의 경이로움을 본격수필의 영역으로 치환해 최순덕 수필의 창작원리를 이해하는 이 여정에 여러분을 초대한다.

　최순덕 수필은 바슐라르의 이론처럼 상상력과 미의식의 관계를 통해 구축되고 있어 우리는 체험이 문학적으로 어떻게 변용되는지 그 과정을 행복하게 살펴볼 수 있다. 그리고 우리는 그녀의 수필집을 통해 한 작가가 인생을 살아오면서 정신적 가치의 소중함과 더불어 참된 행복이란 무엇인가를 승화시켜내는 지혜를 함께 읽어나갈 수 있다. 특별한 체험이 특별한 언어로 형상화된 문학도 필요하지만 평범한 사람들의 평범한 사랑을 통하여 오늘을 소중히 아낄 줄 알고, 그 어제를 부끄럼 없이 얘기 나눌 수 있는 인정이 넘치는 사랑의 문학도 필요하다. 한국문학의 전통 속에서 인연은 흔히 삶 속에 운명을 끌어들이는 힘으로 작용한다. 우리는 대체로 운명이란 선험적으로 주어지고, 그 힘에 의해 생의 인연이 이끌린다는 믿음을 갖고 산다. 하지만 최순덕은 운명의 힘에 의해 인연이 발생한다고 하더라도, 그것은 삶의 지혜를 발휘하여 다스려야 할 대상으로 본다. 최순덕은 이런 요구에 민감하게 반응하는 작가다. 그녀의 수필적 테마의 한 축은 자신의 경험이 소비의 역사가 아니라 극복의 역사이기 때문이다.

> 고통의 터널을 잘 통과해 온 나의 오십 세에게 칭찬해 주고 싶다. 육체의 고통과 정신적 고통을 한꺼번에 겪으며 짐승 같은 울음을 토했던 남편에게도 잘 참고 잘 이겨내 줘 고맙다고 토닥토닥 등 두드려준다. 미리 대처하지 못했던 건강의 중요성을 절실하게 보여줬으니 자식들에게도 헛된 시간은 아닐 터이다. 위기가 닥쳤을 때 똘똘 뭉치는 가족의 힘도 간과할 수 없는 보배가 아니겠는가. 달면 삼키고 쓰면 뱉는 인간들의 군상도 속속들이 알게 되었으니 비싼 비용 치르며 인생 공부를 야무지게 한 셈이다. 한순간 꿈을 망각한 채 남편만 믿고 무턱대고 교단을 떠나와 대책 없이 놀다가 혼쭐이 났던 나의 오십 세, 철없는 세월을 살아내느라 정말 수고했어.
>
> - 〈수고했어. 나의 오십 세〉 중에서

백세인생에 비춰보면 오십 세는 인생의 변곡점이다. 이 지점에서 그녀는 인생에서 가장 힘든 경험을 한다. 남편의 발병과 그로 인한 사업의 중단이 몰고 온 믿었던 선배의 배신 등. 그러나 작가는 사랑의 힘으로 어려움을 잘 극복해낸다. 부부의 연으로 이어진 인연 속 그 절절한 사연은 말로 다 표현할 수가 없을 것이다. 최순덕 수필은 주로 인간을 둘러싼 끈끈한 삶의 이야기를 감동적으로 형상화시키는 것을 특색으로 한다. 인연을 축으로 하는 최순덕 수필의 한 특성은 〈수고했어. 나의 오십 세〉라는 수필에서, 그녀는 삶의 영역에서 갖는 사랑과 행복, 만남과 극복의 역사를 '수고했다'는 말로 위로하고자 한다. 자신이 처한 환경과 극복의 역사를 역설적으로 말하는 전략은 성공적이다. '경험'을 '보배'로 전이시켜 언어를 순질이화하는 능력도 돋보이는 점이다. 여기에서 끝나는 것이 아니라 보다 더 주제의식을 구체적으로 전달하기 위해 남편이 암을 극복한 데 따른 보이지 않는 돌봄의 사랑을 '수고'라는 어휘를 끌어와 간접화한 것이다. 남편은 힘들다는 항암을 잘 이겨낸 것이다. 작가의 말대로 '육체의 고통과 정신적 고통을 한꺼번에 겪으며 짐승 같은 울음을 토했던 남편에게도 잘 참고 잘 이겨내 줘 고맙다고 토닥토닥 등 두드려준다'라고 보이지 않게 도와준 남편의 사랑을 뒤늦게 깨닫는다. 작가는 남편의 발병과 그로 인한 고뇌의 단면을 '수고했어' 한 마디에 담아 빛나는 사랑의 가치로 그려내는 데 성공하고 있다. 비싼 비용의 인생공부를 '보배'로 여기고 오히려 감사로 연결하는 통 큰 오십 세 여인의 인생 극복기의 가치를 높게 평가한다.

오랜 역사와 전통을 자랑하는 동래시장이다. 대형 슈퍼마켓이 근처에 생기기 전에는 그 세력이 대단했었다. 끊어질 듯 겨우 맥을 이어가는 전통시장이지만 동래시장은 그래도 현대화로 탈바꿈하여 살아남은 것이 얼마나 다행인지 모른다. 감자수제비로 배를 채우고 동래시장을 훑어서 장도 본다. 그곳에 가면 '우리 며느리요' 하며 일일이 소개해 주던 시어머님의 목소리가 아직도 생생하게 들린다. 제사 때면 필수적으로 거치는 생선 가게며 해산물 가게, 고깃집, 과일 가게, 야채 가게, 전거리 가게, 잡화상까지 모르는 집이 없었다. 어머니에게서 딸이나 며느리에게로 세대교체의 물결이 조용히 흐르는데 아직도 어머님을 기억하는 가게가 있어 반갑기 그지없다.

- 〈수제비 한 그릇의 행복〉 중에서

이 수필은 앞에서 소개한 수필과 마찬가지로 인연을 다루는 글인데, 이번에는 시어머니와의 인연을 시장보기를 통해 드러내고 있다. 교직에 있으면서 시어머니를 모시고 살아가며 삶의 보람을 찾아가는 작가의 가슴에 살아생전 같이 시장 보러 가면 '우리 며느리요' 하며 시장 사람들에게 일일이 며느리를 소개해 주던 시어머니를 떠올리는 작가는 세대교체 속에서도 시어머니를 기억하는 가게가 있음에 반가워하는 모습에서 삶의 희열을 느낀다. 삶이 힘들 때면 시장통으로 달려가라는 말이 있다. 위기 극복을 향한 날갯짓을 시도한 것이 바로 장보기다. 인간의 여러 모습 중에서 가장 아름다운 모습은 주어진 운명에 굴복하고 나자빠지는 것이 아니라 극복의 서사를 통해 어려움을 통해서 헤어 나오려는 몸짓이다. 이겨내라는 '도전'에 따르는 것도 삶에 대한 순리다. 그녀가 이 수필을 통해 던지는 메시지는 '도전'

이요, '의지'다. 산다는 것은 현실에서 멀리 떨어져 나가려는 원심력과 그것과 대치되는 구심력의 절묘한 반복이라고 할 수 있다. 그 근저에는 스스로 낮추고 한없이 겸허해진 자아가 자리 잡게 된다. 그 겸허한 모습은 자신의 모습 가운데서 가장 아름답고 소중한 진수이며 오늘의 작가를 있게 한 것이다. 수필 〈수제비 한 그릇의 행복〉에는 무한한 원심적 탄력 속에서 가까이 존재하는 일상의 그 작은 것에 대한 자신의 특별한 애정이 투영되어 있다. 그것은 세상에서 가장 아름답고 소중한 삶의 영역이며 우리의 지친 영혼이 안주할 수 있는 터전이 된다. 이 수필을 읽고 나면, 거친 열정의 파도를 넘어 우리의 영혼이 가장 낮은 자세로 임하게 되는 지점이 바로 '수제비 한 그릇'과 같은 생활과 가까운 작은 일상 속 소품이라는 걸 알게 된다고 하겠다.

악을 바락바락 쓰며 울어대는 매미처럼 맹렬하게 일급 정교사가 되어 과연 훌륭한 교사가 되었던가. 정해진 코스대로 따라가는 거부할 수 없는 젊은 날의 한여름이었을 뿐이다. 여름의 태양을 흡수하여 튼실한 뿌리를 내리고 열매를 맺으며 대를 잇는 초목처럼 뜨거웠던 한여름의 강습으로 나는 얼마나 알찬 열매를 맺었을까. 강습이 아무리 힘들었어도 그해 여름 한 번이라도 친정어머니를 뵈었더라면 이렇게 허무하지는 않으련만. 자지러질 듯 울어대던 매미처럼 애타게 자식의 손길을 기다렸을 어머니를 생각하면 가슴이 먹먹해진다. 결국에는 중도에서 포기하고 홀연히 떠나온 교단이 아닌가. 어머니도 떠나보내고 헛발질만 한 꼴이다.

- 〈매미의 울음소리〉 중에서

인용 예문에서 볼 수 있듯이, 〈매미의 울음소리〉에는 방학 중 1급정교사 취득을 위한 연수를 받느라고 잠시 시간을 내어 친정어머니를 뵙지 못한 회한이 새겨지는 후회의 자리에서, 유한한 삶 자체에 대한 고민과 그것을 넘어서려는 몸부림이 선명하게 나타나 있다. 생활 속의 깨달음을 진리로 연결하는 그녀의 여유에 찬 삶이 주는 감동은 안식의 문학이라는 수필 고유의 특성을 전해준다. 지혜의 보고서라 할 만한 이 수필은 여기의 대상으로 간주되었던 생활수필을 한 단계 업그래이드시키고 있다. '어머니도 떠나보내고 헛발질만 한 꼴이다. 매미가 벗어 던진 허물보다 못한 껍데기뿐인 딸이었다.'는 문장은 형상적 체험을 통해서 주제의식을 의미화하는 진술로서 비유의 손맛을 느끼게 해서 문학 언어가 주는 미적 감동을 안겨줄 뿐만 아니라 깨달음을 통한 성찰의 가치를 전달해주기도 한다. '했어야 할 일'과 '해야 하는 일' 사이에서 여유의 중요성을 관념적인 언어로 설명하지 않고 '매미가 벗어 던진 허물보다 못한 껍데기뿐인 딸이었다'라는 구체적 진술로 제시함으로써 수필언어가 도달해야 할 원형을 우리에게 제시해 주었다고 하겠다. 뿐만 아니라 독자와의 공감대 확보를 위해 작가는 결말부 의미화에 앞서 반드시 반성적 성찰이 필요하다는 논리를 펴고 있다. 이런 설득적 논리는 공감과 감동을 위한 필수적 장치로서 기능한다고 하겠다.

나는 빨간 색을 좋아한다. 내가 좋아하는 색과 나에게서 느껴지는 색감은 같지 않을 수도 있다. 좋아하는데 무슨 이유가 있겠냐만 스스로 분석해보면 내 성격 탓이기도 하다. 나의 우유부단한 성격 탓에 더욱더 분명하고 강렬한 색을 좋아하는지 모른다. 내성적인 성격으로 밖으로 표출하지 못한 열정이 쌓여 핏빛 빨간색을 좋아하는 게 아닐까. 겉과 속이 다른 내숭쟁이라 할지 모를 일이다.

남미의 페루에서 잉카인들이 자연에 얻어내는 천연의 색깔에 감탄했다. 민속 마을 친체로를 방문했었다. 두 볼이 발갛게 물든 전형적인 잉카의 후손인 아가씨들이 관광객을 상대로 천연 염색 시범을 보여주었다. 기후적으로 사방 천지에 선인장이 풍성하고 큰 고목처럼 자란다. 그 선인장에서 기생하는 작은 벌레를 손바닥에 뭉개니 너무나 고운 붉은 색이 터져 나온다. 너무 신기하여 입을 다물 수 없었다. 인공적으로 절대 만들 수 없을 것 같은 찐한 붉은색을 바탕으로 섞는 물질에 따라 여러 가지 색이 손바닥 위에서 펼쳐졌다. 비트색보다 찐한 붉은 색이 강렬하게 시신경을 타고 뇌리에 박힌다.

- 〈나의 색깔〉 중에서

수필을 읽는 여러 매력 중에서도 가장 큰 매력은 작가의 내면 풍경을 읽어내는 데서 나온다. '나의 우유부단한 성격 탓에 더욱더 분명하고 강렬한 색을 좋아하는지 모른다. 내성적인 성격으로 밖으로 표출하지 못한 열정이 쌓여 핏빛 빨간색을 좋아하는 게 아닐까. 겉과 속이 다른 내숭쟁이라 할지 모를 일이다.'라는 작가의 진술은 솔직함의 보고다. 따라서 작가의 수필 쓰기는 생활 속에서의 모순된 삶의 방식에 대한 자기비판적 고백인 동시에 자기 한계로부터 해방되기 위한 몸부림이라고 할 수 있다. 다행인 것은 이런 고백이 모두 치유되는 양상을 보인다는 것이다. 자신의 결점을 가감없이 드러내기란 쉬운 일이 아닌 데도 작가는 자신의 약점을 송두리째 드러내는 데 주저하지 않는 성품이다. 이 수필의 쾌미는 자신의 우유부단한 성격으로 인해 붉은 색을 좋아하게 되었다는 것에서 더 나아가 내적으로는 열정이 풍부하다는 것을 보여주는 과정을 문학적으로 기술하고 있다는 데서 느낄 수 있다. 예술의 가장 본질적 조건이 상상의 문을 통해서 만들어진다는 것을 인지한 작가는 상상력에 의한 수필의 예술성이 어떻게 가능한지 이 수필을 통해 잘 보여주고 있다. '겉과 속이 다른 내숭쟁이라 할지 모를 일이다.'라는 진술은 잘 다듬어지지 않은 자신의 성정인 원관념을 '내숭쟁이'라 할지 모를 일이다는 말로 치환시킨 것이다. 이로써, 작가는 제재를 통해 주제를 겨냥한다는 본격수필의 시학을 잘 보여주고 있다.

　예술을 위해서 가장 중요한 것은 상상에 의한 유추와 상상의 기법을 극대화해 나가는 것만큼 효과적인 방법은 없다. 발레리는 문학 속에서 사상이란 과일 속에 묻혀 있는 영양소와 같이 숨겨져 있어야 한다고 했다. 엘리어트는 문학은 사상을 장미꽃 향기와 같이 감각화하는 것이라고 하였다. 따라서 문학의 내용에 어떤 사상이나 이념을 시도할지라도 그것이 문학이 되기 위해서는 '사상의 정서화', '이념의 감각화', '내용의 형상화'가 철저히 이루어져야 한다. 사상 감정의 정서화는, 신선한 상징들이 신선한 미적 감각을 우려내어 감동을 전해

주게 된다. 물론 상상도 관념연상을 일으키지만 진폭이 다양하고 깊기 때문에 작가로서 소홀히 할 수 없는 일이라 하겠다. 〈나의 색깔〉은 위에서 말한 사상의 정서화나 이념의 감각화, 내용의 형상화가 아주 잘 된 작품이다. '붉은 색'과 '내숭쟁이'와 연결시켜 자신의 성향과 성격의 단점을 가장 강렬한 색깔로 치환한 변용의 기술이 이 수필의 문학적 성취를 크게 고조시켰다고 하겠다. 위의 예문에서 볼 수 있듯이 최순덕 수필은 충분히 본격수필이 될 수 있다고 생각한다.

나. 고백과 성찰의 보고- 그림자의 인격화

프로이트는 예술은 내적 불만의 승화라 하였다. 예술의 성격을 이처럼 적확하게 드러내는 말이 또 있을까 싶다. 앤서니 엘리엇은 오늘의 자아가 형성되기까지 내가 걸어온 길을 되짚어 보고 표현하는 글이 수필이라고 하였다. 그리고 자아의 형성 과정이 개개인마다 다르니 글도 사람에 따라서 달라져야 한다고 했다. 그러기 위해서는 성찰이라는 과정을 통해서 자신을 정확하게 바라볼 줄 알아야 하고, 또 성찰이라는 과정을 통하여 자기규정을 하여야 한다고 했다. 최순덕 수필의 또 다른 한 축에는 성찰의 보고라 할 만큼 그림자의 인격화가 잘 드러난 자아실현의 과정이 펼쳐져 있다. 수필 〈찬란한 추위〉는 엘리엇이 말하는 자아이론의 핵심이 실린 작품이다. 성찰하는 과정은 삶의 궤적에 관하여 심리적이고, 사회적인 정보를 주시하고 되돌아보는 과정이다. 수필쓰기에는 자아 성찰이라는 과정이 들어간다. 수필의 개념에는 내면의 고백 못지않게 자아성찰이 주요한 자리를 차지하고 있다. 자신의 내면을 수필을 통하여 고백하는 동시에 자기 성찰을 하므로 자신을 알게 되는 것이 수필이다.

'어린 시절 혹독한 추위가 나를 더 단단하게 키웠는지도 모른다.'는 고백에서 만들어지는 성찰과 자아발견의 세계는 수필의 고유한 예술적 기법이 된다. 왜냐하면 소설의 허구성이나 시의 압축적 언어와 달리 이것은 상상 아닌 실제적 사실의 세계를 전제로 하고 그 내면에서 또 하나의 상상의 세계를 상징적 연상으로 병행시켜 나가는 형태이며, 이는 오직 수필만이 가능한 특수한 상상의 형태이기 때문이다. 문학의 예술성은 물론 다양한 복합적인 조건에 의해서 형성되어야 한다. 수필도 마찬가지다. 그렇지만 그 중에서도 가장 효율적으로 예술성을 나타내는 표현기법은 '겨울의 기억 속에 내 유년의 찬란한 추위가 빚은 눈물이 보석처럼 반짝거린다.'는 결말부 담론층의 주제의식이 의미화되고 있는 부분이다. 이런 함축에 의한 유추현상으로 만들어지는 상상력의 기법이 최순덕 수필의 우월성을 확보해 나가게 한다고 할 수 있다.

어린 시절 혹독한 추위가 나를 더 단단하게 키웠는지도 모른다. 별다른 병치레 하지 않고 잘 자랄 수 있었던 것은 겨울다운 겨울의 추위 덕분이지 않을까. 모진 한파에 각종 세균이나 바이러스 같은 미생물인들 살아남을 수 있었겠는가. 혹독한 겨울 추위가 자잘한 병균을 다 죽이고 자연적으로 환경정비를 해준 셈이다. 온실의 화초처럼 추위를 모르고 따뜻한 겨울을 나는 요즈음의 아이들이 더 많이 병원을 찾는 것은 무엇을 말하는가. 지구 온난화와 기후 변화의 재앙에 맞서야 할 손녀들의 미래가 걱정된다. 도망가고 싶을 만큼 끔찍했던 추위가 오히려 그립다. 겨울의 기억 속에 내 유년의 찬란한 추위가 빚은 눈물이 보석처럼 반짝거린다.

- 〈찬란한 추위〉 중에서

수필문학이라고 하는 것에서 없어서는 안 될 두 가지가 '그리움'과 '반성적 성찰'이다. 인간에게 그리움과 성찰이 없다면 언제나 만족스럽고 차 있다는 오만한 느낌 때문에 행복할 수 있을지는 모른다. 그러나 불행하게도 인간은 이러한 만족감을 오래 누리고 있지를 못한다. 편안하다는 느낌이 오래 지속될 때 권태가 찾아오기 시작한다. 무언가 일거리를 만들고 소일할 거리를 만들고 싶어 한다. '도망가고 싶을 만큼 끔찍했던 추위가 오히려 그립다.'는 진술은 반성의 정서를 대동하고 있는 것이다. 여기서 주목해야 할 것은 병원을 자주 찾는 요즘 아이들을 온실의 화초에 비유하고, '끔찍했던 추위가 그립다'는 말로 지구온난화를 역설적으로 비판하고 있는 부분이다. '추위가 빚은 눈물'이라는 말은 중심사상을 뒷받침하고, 주제의식의 상상화를 도모하는 대목이다. 그러나 자기 생각이 전부고 최고의 가치라 여기지 않는다. 그것을 '보석'으로 전이한 것이다. 작가는 그리움을 소중한 깨달음과 자성의 기회로 삼는다. 부재를 거울로 삼고, 지나온 과정을 의미로 채우며 삶의 온당한 근거로 삼는 모습이 아름답다. 부제를 통해 얻은 게 있으니, 그것은 깨달음인 것 같다는 작가의 인식은 자신이 어떻게 세상에 기여할 것인가 하는 것을 깊이 고민하고 있다. 겸손한 반성적 성찰로 공감의 확대를 노린 전략이 좋다.

결론은 내가 변해야 한다는 것이다. 고작 변화하는 세상을 인식하는 것에 불과하겠지만. 오랜 습관을 긁어내는 일이 쉽지 않더라도 더는 미룰 수 없는 과제다. 결국에는 쓰레기로 버려질 내 삶의 흔적들을 미리 지우고 싶다. 아프간을 떠나는 마지막 수송기에 오르는 장군처럼. 노병은 죽지 않고 사라질 뿐이라고 했다. 소임을 다하고 사라지는 모든 것에 거수경례를 올린다. 최후까지 주어진 임무를 수행하고 사라지는 것이 얼마나 아름다운가. 퇴역 장군처럼 사라지는 어머님의 자개농에 한 세대의 마침표를 찍는다. 나를 새롭게 다듬는다.

- 〈퇴역 장군〉 중에서

한 작품의 서사구조가 독자를 설득하기 위해서는 감동적인 플롯이 존재해야 하고, 공감과 보편성의 확대를 위해서는 전이의 미학이 구축되어야 한다. 이 수필은 발단부가 압권이다. "어머님의 유품인 자개농이 드디어 집을 나선다. 주인이 떠나고도 4년째 빈방을 지키고 있던 화장대와 문갑, 사방탁자를 포함한 12자 자개농이다. 상여가 나가듯 엄숙한 분위기다. 아쉬움인가, 후회인가, 그리움인가, 그 정체를 알 수 없는 눈물이 나도 모르게 흘러내린다. 어머님의 자존심을 지켜준 호위무사였던 거대한 자개장이 임무를 마치고 퇴역하는 노병처럼 사라지고 있다. 어머님 가시고도 차마 손을 대지 못했으니 20여 년을 한 곳에서 버틴 충직한 장군이 아닐 수 없다." 4년째 빈방을 지키던 어머니의 자개농을 처분하면서 어머님의 삶을 칭송하는 작가의 수필은 문학성이 곳곳에서 묻어난다. 작가는 이런 어머님을 '아프간을 떠나는 마지막 수송기에 오르는 장군처럼 노병은 죽지 않고 사라질 뿐'이라고 했다. 소임을 다하고 사라지는 모든 것에 거수경례를 올린다.'라고 적고 있다. 작가는 어머니의 자개농을 '최후까지 주어진 임무를 수행하고 사라지는 것이 얼마나 아름다운가.'라고 찬양한다. 열심히 최선을 다해 살아온 어머님의 전생에 대한 찬사가 아닐 수 없다. 최순덕의 이 수필은 우리가 살아왔던 시간 중에서 인간미가 서려 있던 시간에 뿌리를 내리고 있다. 자개농의 존재를 어머님의 삶과 견주어 그 가치를 빛내기 위해 동원된 비유항은 '퇴역장군'이다. 이런 비유는 매우 적절하고 인상적이다. 작가가 담고자 했던 메시지는 이런 비유들의 도움으로 선명하게 드러나고 맛있게 읽힌다.

　내 몸의 팔 할을 차지하는 수많은 '때문에'를 '덕분에'로 바꾸어 본다. 가난한 가정환경 덕분에 더욱 열심히 공부하였고 초년고생이라는 귀한 인생의 보약을 일찌감치 맛보았다. 먹을 것이 부족했던 덕분에 이것저것 가리지 않고 무엇이나 잘 먹는 식습관이 생겼다. 산으로 들로, 마구 뛰어다니며 놀았던 덕분에 기초 체력도 튼튼하고 잔병도 없이 오늘을 살고 있는 게 아닌가. 이 모든 '덕분에'를 미처 생각하지 못하고 '때문에'로 우울하고 슬프게 살아온 세월이 얼마나 어리석었는지 비로소 반성한다.

'덕분에'라는 말을 의식적으로 사용하려고 노력하다 보니 정말로 주변의 크고 작은 일에 '덕분에'가 가득하다. 무탈하게 살아가는 하루하루가 '덕분에'라는 고마움으로 다가온다. '덕분입니다.'라는 말에는 작은 것에도 감사하고 고마워하는 마음이 담겨 있다. 배려와 친절이 담겨 있는 이 말은 하는 사람과 듣는 사람 서로를 기분 좋게 한다. '덕분입니다'를 자주 쓰니 마음이 한결 여유로워진다. 그 덕분에 초로의 허허로운 시간이 뿌듯한 보람으로 풍성해진다. 이 모든 기쁨이 손녀 덕분이다.

- 〈덕분입니다〉 중에서

수필의 특성 중 하나가 자조적 성격이다. 수필은 자기 자신의 내면을 보는 것과 같다. 수필 〈덕분입니다〉에서 작가는 언어습관에 초점을 둔다. 일반적으로 부정적으로 각인되어 있는 ' 때문에'를 대체할 수 있는 유의어를 손녀 덕분에 알게 되고 이 단어에 대해 긍정적 시선을 놓고, 그 '덕분에'의 속성과 기능에 탐닉해보는 데 재미를 느낀다. 작가는 '덕분에' 위에 인간사를 투영하고, 자신의 삶까지도 포갠다. 그렇게 해서 건강하게 변한 자신을 보여주고자 한다. 수필은 발견이어야 하고, 그 발견이 의미 부여로 나타날 때, 좋은 수필이 되는 것이다. 이렇게 작가는 손녀 덕분으로 삶의 새로운 인식을 갖게 된다. 자기 성찰을 할 때 투사는 오히려 자기의 모습을 바라볼 수 있는 좋은 단초를 제공해준다. 그림자는 인격에서 제외된 부분이다. 그림자를 의식의 세계로 이끌고 나와서 자신의 인격으로 통합하는 것이 인격의 폭을 넓히고, 의식의 시야를 확대할 수 있는 것이다. 이것은 자기 성찰의 바람직한 방법으로 수필에서 추구해야 할 목표인 것이다. 햇볕이 나도 그림자를 지울 수 없듯이 그림자도 우리 자아의식의 중요한 반려자가 되어 있다. 어린이는 어른의 스승이라는 발견을 통해 작가는 말의 동역학이 주는 신비 앞에서 뿌듯해지는 자신을 느낀다. 언어를 통해 자신의 내면을 볼 수 있었기 때문이다. 작가는 결론적으로 자신에게 다가온 '이 모든 기쁨이 손녀 덕분이다.'라고 한다. '덕분입니다'라는 말은 스스로의 눈으로 응시하기 위한 수단이 된다. 이 수필은 언어생활의 중요성의 부각을 통해 문학적 향취를 풍긴다고 하겠다.

다. 작은 것에 담긴 큰 세상- 시골의 진풍경

동양적 사고에 근거할 때 자연은 인간 그 자체이며, 모든 것의 근간이라고 할 수 있다. 우리는 시골의 진풍경을 통해 인간사를 돌아보게 된다. 생태계나 자연의 순환에도 명암이 엄연히 존재한다. 현대인은 편리함을 보장받는 대신에 무수히 많은 것을 잊어버리고 산다. 돌아갈 수 없는 길을 향해 떠나온 사람들이 오늘의 현대인이다. 자연적인 삶과 문명적인 삶의 과도기를 살아온 사람들에게는 기억에 남는 향수가 있다. 바로 우리와 함께 삶을 살아온 미물들이다. 어쩌면 그

것은 우리네 인간적인 삶에 대한 무의식적 관심인지도 모른다. 이것을 어찌 작가가 놓칠 수 있으랴. 작가는 날카로운 곤충학자의 눈 같은 응시의 작가다. 최순덕의 수필을 구성하는 다른 한 축에는 삶과 함께했던 '도시락'이 놓여있다는 것만 봐도 알 수 있다. 삶에서 작은 행복을 기대하고 꿈꾸기 때문이다. 이는 인간이 결국 유년의 추억이란 문학의 온상만은 끝내 이탈할 수 없음을 보여주는 확증인 것이다. 이런 유년의 세계를 여유롭게 관조함으로써 작가는 생의 참된 의의나 조화의 필요성을 밝혀낸다. 이 수필의 요지는 인간의 삶과 밀착된 제재일수록 향기를 더할 수 있다는 의미가 담겨 있다.

오늘날처럼 환경이 개발논리에 위협을 받고 있는 상황에서 문학이 추구해야 할 사명은 인간적 고뇌와 삶의 향방을 재단하는 일이다. 이런 측면에서 작가는 '가장 한국적인 맛이 가장 세계적인 맛이라 일컫는다.'고 말한다. 덧붙여 작가는 '살다 보니 눈물 어린 고향이나마 고향이 있어서 좋고, 촌스러운 소울푸드인 김치가 가장 한국적인 대표 음식으로 손꼽히니 그 또한 기분 좋은 일이 아닐 수 없다. 엄마의 도시락이 사라진 요즘이다.'며 사라져가는 것들에 아쉬움을 전한다. 작가는 희망의 땅으로 우리를 인도해 나갈 생성과 존재의 사람이란 의미다. 사라진 엄마표 도시락을 그리워함도 인간도 자연의 한 부분에 속할 수밖에 없는 존재라는 의미글 가진다. 그녀는 소울푸드를 통해 인간이 배우는 것이 무한함을 확인하게 된다. 그것은 삶의 가치를 소울을 통해 획득하려는 최순덕의 의지다. '도시락의 추억 속에서 맛있는 것 제대로 대접해 드리지 못하고 떠나보낸 그리운 어머니를 눈물로 만난다.' 어머니에 대한 작가의 회한에는 안타까운 역설의 메시지가 더욱 감동을 안겨준다.

> 우리 음식이 'K-푸드'로 세계인의 입맛을 사로잡고 있다. 가장 한국적인 맛이 가장 세계적인 맛이라 일컫는다. 나의 촌스러운 소울푸드인 흰 쌀밥과 김치가 어느새 글로벌 음식이 된 게다. 살다 보니 눈물 어린 고향이나마 고향이 있어서 좋고, 촌스러운 소울푸드인 김치가 가장 한국적인 대표 음식으로 손꼽히니 그 또한 기분 좋은 일이 아닐 수 없다. 엄마의 도시락이 사라진 요즘이다. 학교 급식의 정착으로 성장기 학생들에게 따뜻하고 영양가 좋은 점심을 먹이니 얼마나 바람직한가. 초등학교에 입학한 손녀가 급식 먹는 재미로 학교 간다고 해서 우습기도 했지만, 도시락과 엄마의 정이 연결되는 추억거리가 없어지는 것 같아 아쉽기도 하다. 도시락의 추억 속에서 맛있는 것 제대로 대접해 드리지 못하고 떠나보낸 그리운 어머니를 눈물로 만난다.
>
> — 〈도시락의 추억〉 중에서

작가는 어머니가 싸주던 도시락을 먹고 함께 놀았던 유년시절 이야기를 들려주면서 손녀가 급식 먹는 재미로 학교에 간다는 말을 삽입한다. 세상의 급속한 변화에 밀려 도시락이 사라져간 현실을 안타까워한다. 그러면서 급식을 먹으러 학교로 가는 손녀의 모습을 보면서 '사라져 가는 것들'에 아쉬움을 놓는다. 이 수필에서 '사라져간 도시락'은 두 가지 의미로 파악된다. 하나는 도시락과 연결되는 엄마의 정이 없어진 것에서 오는 아쉬움이다. 인간 생명체는 소울이 있기 때문이다. 다른 하나는 맛있는 것 제대로 해드리지 못하고 떠나보낸 어머니에 대한 미안함이다. 그러나 '나의 촌스러운 소울푸드인 흰 쌀밥과 김치가 어느새 글로벌 음식이 된 게다. 살다 보니 눈물 어린 고향이나마 고향이 있어서 좋고, 촌스러운 소울푸드인 김치가 가장 한국적인 대표 음식으로 손꼽히니 그 또한 기분 좋은 일이 아닐 수 없다.'는 표현에 주목해 보면, 과거와 현재적 삶의 위기가 교차되면서 연륜을 쌓아가는 인생살이의 명암이 희로애락으로 잘 나타나고 있다. 우리는 여기서 물화된 보조관념을 통해 작자가 숨긴 이면적 상징물에 도달함으로써 작품을 미학적으로 이해하게 된다. 가장 중요한 발견은 도시락 역할이 소울푸드였을 뿐만이 아니었다는 것이다. 어머니의 따뜻한 정을 느끼게 하는 전령사였으며, 추억의 보고였다는 것이다. 삶이 지니고 있는 허위의 껍질을 벗기는 것이 수필의 소명이다. 작가는 사라지는 도시락에 손녀에 대한 애정과 어머니에 대한 그리움을 잘 버무려 향기가 나는 수필로 만들었다. 모두가 가슴으로 느끼는 사물과 사람의 교류를 통해서다.

    빙하의 냉정함과 화산처럼 끓어오르는 열정으로 자연의 일부가 되는 삶이 부럽다. 잔혹한 흑야의 긴 겨울을 이겨내고 변화무쌍한 악천후에도 불평보다는 인내하고 순응하는 그들이 어쩌면 인류의 원시적인 미래의 모습이 아닐까.

아이슬란드의 빙하가 다 녹아내리면 지구는 엄청난 기후 재앙을 맞는다고 미래 과학자들은 입을 모은다. 무섭다. 어찌 살아야 할까, 재앙으로 되돌아오는 자연의 낭비를 줄이고 태초의 자세로 이끼처럼 세상과 마주할 일이다. 타인의 실수나 눈물을 이끼처럼 덮어줄 줄 아는 미덕이 내게 얼마나 있는지 되돌아본다. 아이슬란드의 거칠고 청정한 땅에서 경이롭게 만난 이끼는 초심을 잃지 말고 겸손해지라고 태곳적 신비한 언어로 말해준다.

- 〈이끼처럼〉 중에서

이 수필에는 작가가 원시적 미래를 그리워하는 메시지가 담겨져 있다. '잔혹한 흑야의 긴 겨울을 이겨내고 변화무쌍한 악천후에도 불평보다는 인내하고 순응하는 그들이 어쩌면 인류의 원시적인 미래의 모습이 아닐까.' 하면서, 작가는 재앙으로 되돌아오는 자연의 낭비를 줄이고 변화무쌍한 악천후에도 불평보다는 인내하고 자연에 순응하며 살아가는 아이슬란드 사람들의 생활관을 '이끼'에 견주어 잘 형상화하고 있다. 이 수필에는 환경오염에 대한 작가의 문명 비판이 넌지시 깔려 있다. 이 수필의 강점은 '이끼'란 제재를 통한 완곡하게 주제 의식을 드러내는 문학적 방식의 전개다. 또 다른 강점은 구조적 측면에서 볼 때, 질서정연한 체계를 이루고 있다는 것이다. 작가는 아이슬란드 여행을 통해 알게 된 아이슬란드 사람들의 모습을 보고, '타인의 실수나 눈물을 이끼처럼 덮어줄 줄 아는 미덕이 내게 얼마나 있는지 되돌아' 보는 시간을 갖는다. '아이슬란드의 거칠고 청정한 땅에서 경이롭게 만난 이끼는 초심을 잃지 말고 겸손해지라고 태곳적 신비한 언어로 말해준다.'는 말로 시선을 문명비판 쪽으로 향하는 수미상관 접근법의 활용은 수필이 붓 가는 대로 쓰는 글이 아니라는 것을 증명한다. 철저한 주제의식의 간접화 전략으로 쓰여진다는 것을 말해준다. 이는 본격수필의 매력에 빠지는 독자를 배려하겠다는 작가의 의도로 보인다. 이런 이중층위의 구성이 질서 정연한 것은 이 수필이 가진 여러 장점 중에서 가장 빛난다.

    그녀처럼 꿀벌도 다시 돌아오면 좋겠다. 고 작은 꿀벌이 감당해온 업무가 상당하지 않은가. 지구에서 열매 맺는 모든 열매의 70퍼센트 이상이 꿀벌에 의해 이루어진다고 한다. 무심히 보고 있던 TV의 '한국인의 밥상'에서 깜짝 놀랄 말이 번개처럼 번쩍 귀에 들어온다. 실제로 지구상에서 꿀벌이 사라진다면 4년 이내에 인간도 사라진다니 무섭고 섬뜩하다. 사라지고 난 뒤 비로소 그들의 막중한 임무를 알게 된다. 꿀벌이 아직은 완전히 소멸하지 않고 올봄의 일시적인 현상이라면 얼마나 좋을까. 시골집 근처에 꿀벌을 판매한다고 붙여놓은 현수막이 반갑다. 낡은 색이 작년 것인지 의심스럽지만 봄꽃의 꿀을 모을 꿀벌들이 그래도 생존해있는 것 같아서 기쁘다.

                                                - 〈땡벌〉 중에서

수필은 자아와 그리움을 찾아 나서는 작업이다. 이런 차원에서 최순덕은 유년 시절에 함께 했던 꿀벌에 주목한다. 그런데 지금까지 작가는 꿀벌은 꿀을 제공해주는 것으로만 알았다. 여기서 '꿀벌'은 '생태의 파수꾼'으로 나타난다. '지구에서 열매 맺는 모든 열매의 70퍼센트 이상이 꿀벌에 의해 이루어진다고 한다.' '한국인의 밥상'이란 프그로램을 무심히 보고 있던 작가는 깜짝 놀란다. '지구상에서 꿀벌이 사라진다면 4년 이내에 인간도 사라진다'는 예를 든 것도 주제화 전략에서 매우 적절했다. 꿀벌에 얽힌 에피소드를 '지구생태 보전'으로 연결한 것은 최순덕 작가의 탁월한 문학적 재능을 뒷받침한다고 하겠다. 이런 이미지의 결합이 문학적 성과를 거두는 이유는 꿀벌이라는 미물이 갖는 노력의 궤적을 연상케 하면서 우리 삶과 직접적으로 연관되어 있다는 과학적 근거를 인용해 주제의식의 구체화를 시도하기 때문이다. 문학성이란 말은 상당히 막연한 것 같지만, 따지고 보면 주제의 구성 그리고 표현의 공감도를 의미한다. 여기서 '시골집 근처에 꿀벌을 판매한다고 붙여놓은 현수막이 반갑다.'고 한 작가의 느낌은 공감의 지름길이라 하겠다. 수필적 삶의 진실이 그대로 투영되어져 나오기 때문에 더욱 최순덕 수필은 향기를 머금고 있다고 하겠다.

최순덕 수필의 가장 강한 특징은 솔직함이다. 고백문학이라는 수필의 특성을 최대한 활용함으로써 그녀는 문학의 쾌락성을 구축한다. 그녀는 재미있는 발상과 과감한 자기 노출을 무엇보다도 중요시한다. 서양이 보는 것을 중시하는 시각문화라면, 우리 동양은 듣는 것을 중시하는 청각문화라 할 수 있다. 작가는 도시에 살면서도 시골에서 들려오는 미물의 발신음을 들을 수 있는 영적 귀를 가졌다. 이 수필은 관계성을 중시하는 동양의 청각문화와 깊은 관련성을 가진다. 특히 주제의식의 상상화를 돕는 전략은 매우 적절하다. 발단부에 전개예고 기능을 중시하는 작가의 인식은 수필 감상에 흥미를 더한다. 무엇보다도 최순덕 수필을 읽는 매력은 날카로운 관찰을 통한 깊은 깨달음의 세계를 보여주고 있다는 데 있다. 오감을 이용하여 진리를 찾고, 그것을 현실의 삶에 투사시켜 내는 작가의 저력으로 그녀의 작품은 짙은 향기를 풍긴다고 하겠다. 즉 우리는 물화된 보조관념을 통해 작자가 숨긴 이면적 상징물에 도달함으로써 작품을 미학적으로 이해하게 된다. 문학은 이런 형태를 따른다.

문학은 빠르고 정확한 의미 전달만이 아니라 그 전달의 효율성을 따진다는 것이다. 얼마만큼 감동적이냐가 성패를 가르며 그래서 수사적 장치가 필요하다. 만일 감동이 없다면 문학이 아니다. 그런데 설명적인 글은 감흥을 주지 않는다. 수동적으로 받아들이기만 한다면 아무런 흥미 유발이 안 되기 때문이다. 독자에게도 역할이 주어져야 한다. 수필 〈땡벌〉에서 보는 바와 같이 '나는 과연 한 가지 일에 땡벌처럼 매달렸던 적이 있었던가. 돌아보면 내 삶의 어느 한 구석에도 땡벌처럼 악착같은 근성은 없었다. 쓸데없는 욕심에 눈이 멀어 괜히 자식들만 힘들게 하고 스스로 미련의 올가미에 묶여 눈물지었던 날들을 어찌할까. 적당한 타협과 변명으로 길을 꺾고 주저앉기를 서슴치 않았으니 내 빈약한 의지 앞에서 나는 진정 '땡벌'이라는 별명조차도 가질 수 없는 것이다.' 하면서 자신의 내면 풍경을 찾아 끊임없이 생태적으로 사색하는 작가의 반성적 성찰을 따라가 보는 재미가 솔솔하다. 독자가 작품을 음미하며, 땡벌이 갖는 상징성의 메시지를 찾아내어 감상을 완성시켜 나간다면 더욱 좋을 것이다.

　라. 더 넓은 세상으로의 꿈 - 혼자만의 공간에서

　가치관이 너무나도 달라진 요즘 풍경은 언제나 우리의 마음 한 구석에서 우리를 힘들게 하고 쓸쓸하게 한다. 작가는 우리 사회의 변화된 모습을 정조준하면서 인정과 전통적 가치를 그리워한다. 최순덕은 더 나은 세계에 대한 그리움을 꿈꾸는 작가다. 중년을 넘어선 사람이면 어느 정도 공감하는 바다. 좀 오래 산 기성세대의 입장에서 급격하게 변화하고 있는 현실은 받아들이기 힘든 공포일 수 있다. 잊힌 현실의 메마름을 극복할 수 있는 것이 엄연한 현실을 인정하는 바라 할 수 있으며, 이런 인식통로를 통해 인간은 때로 인간다운 자신과 만날 수 있다. 인정이란 객관적 자각의 결과이다. 신세대와 신자유주의 물결과의 만남이라는 이 절묘한 현실의 세계에서 어떻게 차이와 다름을 극복하고 이해로 승화시킬 수 있을 것인가. 어찌하면 그 갈대밭 끝으로 사라지는 바람소리 같이 사라져가는 전통문화를 허망하지 않은 존치로 되돌려 놓을 것인가. 어떻게 하면 내가 신세대의 다른 문화를 기꺼이 받아들인단 말인가. 어떻게 변화에 당황하는 영혼을 위로해야 할 것인가. 이것 또한 문학의 세상이 변화를 두려워하거나 혼란스러워하는 자에게 마련해 주어야 하는 선물이어야 할 것이다.

더 솔직히 말하자면 진정한 자유가 그리운 것이다. 며느리 역할은 최근에 끝이 났으니 아내, 어머니, 할머니의 자리도 훌훌 털어버리면 좋겠다. 오로지 나 자신만을 위한 삶을 잠시라도 살아보고 싶다. 옛날에 했던 연속극 '엄마가 뿔났다'에서 주인공 김혜자가 집을 뛰쳐나가 혼자만의 공간에서 자유를 만끽하던 딱 그만큼 나도 해 보고 싶다. 절대로 나를 변화시킬 수 없음을 잘 알기에 더욱 갈증이 나는 '자연을 살다'이다.

살면서 한 번도 해 보지 못했던 것들을 더 늦기 전에 해 보고 싶은 생각이 가슴에 들앉은 이유는 무엇일까. 뒤집으면 결코 할 수 없는 소원임을 이미 안다. 현실에 껌딱지처럼 찰싹 붙어있는 발바닥으로 어느 별에도 갈 수 없는 존재임을 확인할 뿐이다. 필요에 의해서든 아니든 나를 중심으로 돌아가는 나의 세상을 과감히 깰 수 있는 용기가 아직 없다는 것이 헛나이만 먹은 것 같아 서글프다.

- 〈을 덕분에〉 중에서

최순덕은 기존의 인식을 극복하고 새로운 지평을 모색하여 황홀한 기적을 만나고 싶은 작가다. 〈을 덕분에〉라는 제목만 봐도 대충 메시지가 다가온다. '더 솔직히 말하자면 진정한 자유가 그리운 것이다. 며느리 역할은 최근에 끝이 났으니 아내, 어머니, 할머니의 자리도 훌훌 털어버리면 좋겠다.'는 심정에 이어서 '오로지 나 자신만을 위한 삶을 잠시라도 살아보고 싶다.'는 욕망의 주체로 돌아온 작가는 변화하고 있는 세상에 한마디 꼭 하고 싶은 말을 남긴다. '옛날에 했던 연속극 〈엄마가 뿔났다〉에서 주인공 김혜자가 집을 뛰쳐나가 혼자만의 공간에서 자유를 만끽하던 딱 그만큼 나도 해 보고 싶다.'는 것이다. 시대도 사람도 변했다지만 역사 앞에서 자신도 주체가 되고 싶다는 간절함의 표시다. 그러나 그 간절함은 '필요에 의해서든 아니든 나를 중심으로 돌아가는 나의 세상을 과감히 깰 수 있는 용기가 아직 없다.'는 인식에서 좌절되며, 곧바로 '헛나이만 먹은 것 같아 서글프다.'는 자조로 마무리된다. 이유야 어찌 되었든 늙은이가 세대차이로 인해 보릿자루 신세가 되고있는 현실이 아프다는 것을 전제하면서 체념길에 오른 작가의 심정이 되어 본다. 하고 싶은 일을 내 마음대로 할 수 있다면 얼마나 좋을까. 진실이라고 하는 것은 언제나 고통과 함께 있다는 것을 암시하고자 하는 의도다. 상상의 나래 속에서 전통의 가치와 가족정신을 옹호하는 이 수필은 나를 응시하고 있는 나의 차가운 진실을 사랑하고, 나의 고통을 껴안아, 나를 배반하지 않는 모습으로 살아남게 하는 아름다운 예술이 수필임을 보여주는 작품이라 하겠다.

나의 엔딩 크레딧을 마지막까지 앉아서 지켜봐 줄 이가 있을까. 엄숙하고 장엄했던 여왕의 장례식과 감히 비교할 바가 아니지만, 과연 어느 누가 나를 기리며 내 삶의 엔딩 크레딧을 훑어봐 줄까. 영화가 끝나자마자 바로 외면당하는 엔딩 크레딧이 아니면 좋겠다. 잘 알지 못하는 지인의 가족이 서먹하여 문상에 소홀하였던 나를 반성한다. 서로 스치듯 지난 작은 역할의 인연일지라도 진지하게 조문을 해야겠다. 불 꺼진 영화관에서 엔딩 크레딧을 끝까지 지켜보듯 누군가의 한 생에 닿았던 인연을 소중하게 지켜 봐줘야겠다. 내 인생의 영상에 출연해주셔서 감사하다는 인사를 건네고 싶다. 다시 작은 것의 소중함을 깨우치는 엔딩 크레딧이다.

- 〈엔딩 크레딧〉 중에서

'영화가 끝이 나도 한참 동안 불이 켜지지 않는다. 영화의 전당에서 볼 수 있는 특징이다. 다른 상영관에서는 볼 수 없는 불편함이다. 일반 영화관에서는 영화가 끝나자마자 바로 불이 켜지고 사람들은 기다렸다는 듯이 벌떡 일어선다. 줄줄이 사탕처럼 화면을 타고 오르는 허옇게 탈색된 이름들을 굳이 끝까지 앉아서 보는 사람은 없다. 끝까지 앉아서 엔딩 크레딧을 눈으로 읽어내야 한다. 인내심을 요구하는 순간이다.' 이렇게 시작되는 이 수필은 문학성을 확보하는 데 성공한 작품이다. '서로 스치듯 지난 작은 역할의 인연일지라도 진지하게 조문을 해야겠다. 불 꺼진 영화관에서 엔딩 크레딧을 끝까지 지켜보듯 누군가의 한 생에 닿았던 인연을 소중하게 지켜 봐줘야겠다.'는 작은 것의 소중함을 깨닫는 부분이 감동을 준다. 마지막 순간의 중요성을 엔딩 크레딧이란 객관적 상관물을 통해 빈틈없이 묘사해내는 그녀의 형상화 능력은 문학적 가치를 드높인다. 수필은 보이지 않는 부분을 작가의 개성적 시각으로 발견하는 데서 가장 큰 매력이 있다. 여기에는 보편성의 공감대를 이루어주는 서정성이 도사리고 있다. 작은 것, 작은 인연에 대한 고마움과 따뜻한 연민과 동정이다. 이 수필을 보면, 그녀는 어둠 속에서도 환히 피어나는 피안의 세계를 가진 작가라는 걸 알 수 있다. 작가는 영화가 끝이 났지만 불이 꺼지지 않는 영화관에서 발견한 작은 깨달음으로 운명적 사슬이나 속성에 탐닉하며 인연에 대한 그리움의 정서를 잘 드러내고 있다.

'만 개가 넘는 부품이 조립되어 완성되는 자동차가 생각난다. 작은 소품 하나의 소중함이 영화에서도 보인다. 살짝 스치듯 등장하는 인물도 가볍게 볼 수 없는 것이다. 완성도 높은 영화의 제작을 위하여 결코 놓칠 수 없는 섬세한 인물의 역할이 아니겠는가. 각 파트의 중심 역할부터 보조자 심부름꾼까지 막상 저 긴 명단에도 들어가지 못하는 무명의 종사자도 얼마나 많을까. 실로 한 편의 영화가 만들어지기까지 수많은 삶이 실핏줄처럼 얽혀 있는 게다.'에서 볼 수 있는 영화관 안의 자막 묘사는 작가의 감성과 비유를 잘 표현하여 영화관의 풍경을 자동차 내부로 만든다. 보이지 않는 곳을 내시경을 들고 파헤쳐보고자 하는 열정이 없다면 어찌 이런 최순덕 작가의 예술적인 심안을 감상할 수 있을까. 전개부로 이어지는 영화의 전당에서 영화와 자주 만나는 생활 속에서도 문화를 가까이 접하며 삶을 정결하게 지켜나갔던 작가의 품격이 드러난다. 그녀의 글은 처음부터 끝까지 한 문장, 한 문장이 삶의 진통과 창작의 고뇌 속에서 태어난다. '내 인생의 영상에 출연해주셔서 감사하다는 인사를 건네고 싶다.'는 표현처럼, 언어도 맛있게 잘 부린다. 문장은 수필의 생명이다. 롤랑바르트의 말대로, 그녀는 말이라는 재료를 가지고 어떤 언어적 물질을 만들어내는 셈이다.

새로움의 생존 시간이 짧은 것이 서글프다. 내가 습득한 새로움은 잠시만 머뭇거려도 금방 망각의 늪으로 빠져버린다. 새로움은 까치발로 온 세상을 더듬는 10개월 손녀의 시선과 같다. 한시도 쉬지 않고 손가락을 놀리고 활용을 해야 신선도를 유지할 텐데 몸이 말을 듣지 않는다. 쉬 피로를 느낀다. 골치 아픈 것은 피하고 단순한 시선으로만 살고 싶은 마음 때문일까. 속도가 느려도 돌아서면 다 잊어버려도 실망하지 말고 나만의 더듬이로 천천히 배움의 기쁨을 누리는 한 마리 달팽이가 되어야겠다. 새로움은 아무래도 뾰족한 가지 끝에 달린 가시 돋은 열매다.

- 〈새로움에 대하여〉 중에서

또 하나의 최순덕 수필의 중요한 내적 특성 중의 하나로 들 수 있는 것은 네오필리아를 향한 정신이다. 명작은 남달라야 하는 특수성을 갖는다. 예술의 영역 안에 있는 문학이라는 특성에 기초하여 수필의 존재이유는 새로움의 추구로 설정된다. 정도의 차이는 있으나 대부분의 사람들은 나이가 늘수록 인지장해를 느낀다. 최순덕도 마찬가지다. 건망증의 도래다. 심리학 용어로는 '간섭현상'이다. 이런 경향성을 잘 파악하고, 작가는 안식의 문학, 영혼의 문학인 수필의 목적을 제대로 살려서 독자로 하여금 이런 부정적 사고로부터의 탈피를 도와주려고 한다. 〈새로움에 대하여〉는 영안으로 우리 삶과 관계를 꿰뚫고 있는 작품이다. 느림의 미학을 보여주는 수필이기도 하다. 그렇다. 살아가면서 '속도가 느려도 돌아서면 다 잊어버려도 실망하지 말고 나만의 더듬이로 천천히 배움의 기쁨을 누리는 한 마리 달팽이가 되어야겠다.'는 자세는 얼마나 적절한 판단인가. 삶이라는 것은 이 세상에서의 인연이 시작되는 것이며 그로 인해 우리의 새로운 운명이 직조됨을 의미한다. 그러나 그녀에게 불어닥친 건 '몸이 말을 듣지 않고, 쉬 피로해'지는 증상이다. 작가는 발단부에서 '너무나 빠른 변화의 속도에 어지럽다고 외면할 수 없는 상황이다. 무딘 발걸음이라도 따라나설 수밖에 없는 노릇이다.'라고 현실을 인정한다. 디지털시대에 노인은 뒤처질 수밖에 없다. 자신의 디지털과의 부적응을 '새로움은 까치발로 온 세상을 더듬는 10개월 손녀의 시선과 같다.'고 한 것이나, '새로움은 아무래도 뾰족한 가지 끝에 달린 가시 돋은 열매다.'는 표현은 느림의 미학에 대한 문학적 표현으로 가속화되고 있는 디지털 세상에 대한 약간의 저항이 깔려 있다고 하겠다. 인간적인 삶의 길을 찾아가면서 겪는 낭패스런 모습이 재밌기만 한 수필이다.

　문학은 보이지 않는 것을 보이게 하는 데 목적이 있다. 양자역학은 보이지 않는 세계의 역학을 말해준다. 우리가 양자역학을 공부해야 할 이유이기도 하다. 가장 형상화가 잘된 부분을 도입부에 놓을 게 아니라 결말부로 돌리는 것이 지배적 정황을 강화할 뿐더러 '인지장해'의 국면을 이미지로 재현해서 보다 더 울림이 큰 감동을 전달할 수가 있다. 만약에 얼굴에 난 '인지장해'를 1차원적인 이야기로 풀어내었거나, '인지장해 때문에 고통스럽다'는 식의 직설적인 발화라면 우리에게 별다른 감동을 주지 못했을 것이다. 하지만 작가는 '새로움'

의 의미를 철학적인 의미에 얹어 '까치발' '가시 돋힌 열매'의 이미지로 묘사했기에 미적 감각을 극대화할 수 있었다. 이 작품의 우수성은 바로 감각적인 이미지를 통해 주제의식을 하나로 형상화한 것에서 찾을 수 있다. 지배적 정황으로 제시된 '가시 돋힌 열매'라는 보조 자료에 힘입어 기존의 언어가 제시하기 힘든 미적 사유와 감정을 이 수필은 잘 전달하고 있다고 하겠다.

Ⅲ. 나가며

양자역학에서 가장 중요한 개념이 파동-입자 이중성이라면, 수필 시학에서 가장 중요한 것은 주제와 제재의 이중층위다. 최순덕 수필은 입자와 파동이란 양자역학의 이중구조를 통하여 문학적 성취를 견인한 전략이 돋보인다고 하겠다. 보이는 것만 진실이 아니라는 것을 양자역학은 증명한다. 제재 속에 주제가 있고, 주제 속에 제재가 있다는 것은 닐스 보어의 코펜하겐 해석 여섯 가지 중 '양자얽힘'에 해당한다. 수필은 주제와 제재를 나누어 생각하면 잡문이 된다. 최순덕의 수필은 주제와 제재가 얽혀 있다. 이는 수필이 주제나 제재의 문학이 아니라 '주제와 제재의 문학'이라는 것을 증명해 준다. 이 양자의 속성이 미시세계 물질의 속성이라는 것은 결국 모든 물질의 속성이 그러하다는 것이고, 우리 인생 또한 그런 원리로 풀어갈 수 있다는 것을 최순덕 수필은 잘 보여주었다고 하겠다.

최순덕은 부드러운 곡선의 안식처가 있는 작가다. 최순덕 수필집을 읽고 나서 느낀 것을 한마디로 표현하라면, '이분 글 참 잘 쓴다.' 였다. 본격수필이론을 접한 후라서 그런지 수필의 발전이 눈에 두드러진다. 최순덕 수필들은 맑고 잔잔한 샘물에 비유될 수 있을 정도다. 수필 속에는 잔잔한 감동이 있고, 포근하게 느껴지는 정감이 있다. 깊은 깨달음의 경지가 느껴질 뿐만 아니라 수수하면서도 소박하고, 은근하면서도 조용하고 은은한 향취가 풍겨나고 삶의 진솔한 모습이 꾸밈없이 담겨 있다. 그녀는 깊은 의식과 상념으로 감성을 체계적으로 정리 압축하고, 다양한 시각과 풍부한 상상력으로 인간의 삶에 농축된 비의를 예리하게 포착해서 살피고 있다. 이는 평소에 영혼과 마음을 늘상 갈고 닦은 까닭이다. 풍부한 인생 경험과 지혜가 좋은 수필집이 되도록 해서 다행스럽다는 생각도 덧붙인다.

자신이 수필가이기 때문에 수필을 쓰는 사람과 수필을 씀으로써 수필가가 되고자 하는 사람은 다르다. 필자가 강의를 하면서 지켜본 바, 최순덕은 수필가이기 때문에 수필을 쓰는 것이 아니다. 오히려 수필을 씀으로써 수필가가 되고자 하는 사람 중의 한 분이다. 수필을 씀으로써 자기를 위무하고, 나아가 수필을 통해 인간과 사회를 구원하려는 구도적인 자세로 인해 그녀의 수필은 생명력을 지니는 것이다. 문학보다 깊은 철학적 사유와 순명주의, 그리고 사람다운 사람-되기 정신 속에 생명의 참된 의미와 본격수필이 존재하고 있다는 것을 수필을 통해 최순덕은 우리에게 전해준다. 최순덕은 자신에게 주어진 제도적 기호체계를 아무 생각 없이 받아들이고 그것에 순응하는 수필가가 결코 아니다. 수필이 문학이라는 것은 이해하고, 수필의 문학적 물음이 나를 넘어 사회로 향해야 한다는 것을 알고 수필을 쓰기 때문이다.

최순덕 수필집
박제된 나비가 내게 말을 걸어올 때

초판 인쇄 2024년 9월 4일
초판 발행 2024년 9월 6일

지은이 : 최순덕
펴낸이 : 정숙이
펴낸곳 : 도서출판 에세이문예

주소 : 부산광역시 연제구 온천천공원길 4,
　　　　101동 1802호(거제1동, 벽산e메타폴리스)
전화 051)557-5085
이메일 essaylit@hanmail.net
출판등록 제332-2019-000008호

값 15,000원

ISBN 979-11-978480-8-7

※ 저자와의 협의에 의하여 인지를 생략합니다.
　잘못 만들어진 책은 바꾸어 드립니다.

※ 본 도서는 2024년 부산광역시, 부산문화재단 부산문화예술지원사업으로 지원을 받았습니다.